슈타이너 학교의 예술로서의 교육

옮긴이:김수정

1972년 대구에서 태어나 경북대학교 도서관학과를 졸업했다.
현재 일본어 번역 작가로 활동하고 있다. 『해외 통판 카탈로그 백과』와 『바이어 2000』
등을 우리말로 옮겼고, 영상물 〈열려라 꿈동산〉(KBS2), 〈내친구 바나바나〉(SBS)를
비롯하여 각종 논문, 잡지 등을 번역했다.

슈타이너 학교의
예술로서의 교육

1판 1쇄 인쇄일 2003년 5월 2일
1판 1쇄 발행일 2003년 5월 10일

지은이 | 고야스 미치코 · 아게마스 유우지
옮긴이 | 김수정
펴낸이 | 이미자
펴낸곳 | 도서출판 밝은누리

주소 | 서울시 강남구 일원동 687-1 태경빌딩 401호
전화 | 02) 2226-9350〜2
팩스 | 02) 2226-9353

값 8,000원

* 잘못된 책은 사신 곳에서 바꾸어 드립니다.

ISBN 89-8100-063-8 03370

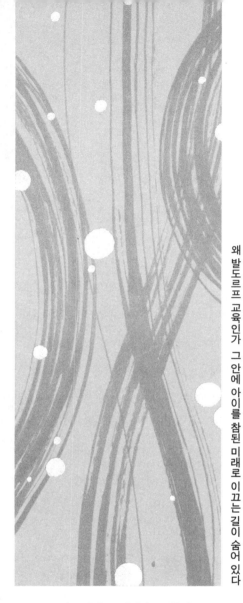

슈타이너 학교의

예술로서의 교육

왜 발도르프 교육인가 그 안에 아이를 참된 미래로 이끄는 길이 숨어 있다

고야스 미치코 · 아게마스 유우지/
김수정 옮김

밝은누리

차례

머리말

'머리말'이라고 하지만 나는 이 글을 본문 교정이 끝나고 나서야 쓰고 있다. 연초 몇 주 동안 뮌헨에서 보내고 얼마 전에 돌아왔다. 운명적인 이 도시에서 나는 이번에도 다양한 일을 경험했다. 독일에 간 직접적인 목적은 미카엘 엔데 씨의 신작 오페라 초연을 보기 위한 것이었다. 프린츠레겐텐 극장의 재개관이라는 역사적인 행사에 맞춰 엔데 씨가 특별히 의뢰받아 집필한 작품이었다. 프린츠레겐텐 극장은 20세기 초엽인 1901년 리하르트 바그너의 〈뉘른베르크의 명가수〉를 상연하면서 탄생한, 뮌헨이 자랑하는 예술의 전당이다. 그러나 전쟁과 그 후 여러 가지 사정으로 1964년에 폐쇄되었다가 한때 폐관 결정까지 났지만, 예술을 사랑하는 이들의 강력한 운동에 힘입어 마침내 다시 살아나게 되었다. 그래서인지 1988년 1월의 신문과 각 방송사에서는 이 극장 재개관 뉴스를 연일 떠들썩하게 보도했다.

이와 때를 맞춰 엔데 가족과 관계된 행사도 몇 건 있었다. 화가인 아버지 에드가 엔데의 본격적인 첫 전시회가 작년 가을부터 뮌헨 시립 렌바하 미술관에서 열렸고, 레르토나 극장에서는 미카엘 엔데의 문학적 발자취를 더듬는 전시회가 개최되었다. 아버지와 아들의 예술을 한꺼번에 비교하고 관람할 수 있는 흥미로운 기회였다. 또한 엔데 씨로부터 일본에서도 행사를 열고 싶다는 말을 들었던 터라, 나는 관심을 가지고 양쪽 전시장을 몇 번이나 둘러보았다.

에드가의 그림에 둘러싸여 있자니 한 가지 생각이 떠올랐다. 근원적으로 미카엘의 문학 세계가 아버지로부터 영향을 많이 받았다는 것을 새삼스레 느끼지 않을 수 없었다. 그뿐만 아니라 미카엘의 전시장에 들어서자마자 다시 한 번 놀랐다.

눈앞의 게시판에 나란히 인물 사진 두 점이 걸려 있었는데, 하나는 방금 보고 온 그의 아버지 사진이었고 또 하나는 루돌프 슈타이너의 것이었다. 사진 아래는 두 사람의 연보가 있는 것 말고 특별한 설명은 붙어 있지 않았다. 말없이 옆에 서 있는 엔데 씨를 쳐다보았다. 그는 그저 당연하다는 듯이 고개를 끄덕이고 있을 뿐이었다.

슈타이너가 엔데에게 큰 영향을 끼쳤다는 사실은 이미 알고 있었지만, 아버지와 동격으로 여길 정도로 큰 존재였던가 하고 새삼스럽게 놀라지 않을 수 없었다.

엔데 씨가 이번에 지은 새 집에서 서재를 보여 주었을 때 "슈타이너는 여기 있어요."라고 하며 책장 중앙을 가리킨 일도 떠올랐다. 전집 300권 정도가 서가에 빽빽이 꽂혀 있었다. 그는 앞으로도 50권 정도 더 살 계획이라고 했다.

 슈타이너의 사상을 표방하며 교육과 의학, 농업 그 밖의 분야에서 직접 실천하기 위해 노력하는 사람들의 수는 명확하게 헤아릴 수 있을 정도이며, 그 수 또한 매년 증가하고 있다. 그와 더불어 엔데와 같은 사람들이 있다. 스스로 슈타이너 추종자라고 말하지는 않아도 실제로 슈타이너의 세계관을 신념으로 삼고 인간의 미래에 희망을 던지는 사람들이다. 큰소리로 외치지 않고도 철저하게 진보적인 자세로 현대를 살아가는 사람들은 지금도 소리 없이 전 세계로 퍼져 나가고 있다. 20세기의 파괴와 재생이라는 역사 속에서 훌륭하게 부활한 프린츠레겐텐 극장의 무대에 오른 엔데 씨를 생각하며, 한편 일본에서 슈타이너와 관련한 일로 십 년 동안 함께 해 왔고 앞으로도 함께할 아게마스 유우지 씨와 대

담한 내용이 지면에 실리게 되어 대단히 기쁘고 또한 감사
하다는 마음도 전한다.

고야스 미치코

이 책은 1987년 2월부터 3월까지 3회에 걸쳐 열린 고야스 미치코와 아
게마스 유우지의 대담을 재구성한 것으로 출판사 측의 진행자가 함께 참
여하였다.

각 장의 시작 부분에 있는 포르멘 그림들은 Verlag Freies Geistesleben
에서 출간된 『Formenzeichnen』에서 발췌하여 실었다. 이 원서의 한국어
판 저작권은 도서출판 밝은누리에 있음을 밝힌다.

본문의 주는 원서에 있는 편집자 주 내용에서 독자의 이해를 돕는 것
들을 뽑아 실었다.

16

제1장
슈타이너와의 만남

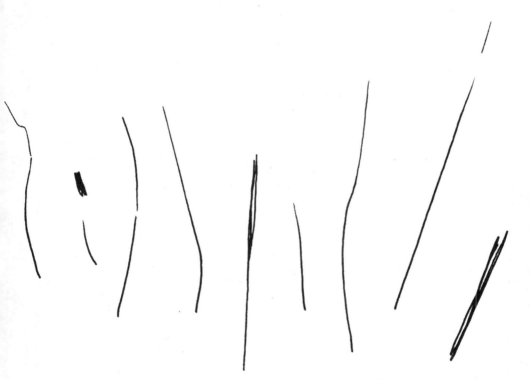

칠판에 그려진 직선
가장 기본적인 포르멘으로 초등학교 1학년 학생들이
각각 한 줄씩 그린 것이 하나의 '작품' 을 이룬다.

철학, 문학과 이어지는 건축

고야스

이번 아게마스 씨와의 대담은 저에게 많은 공부가 되리라 생각합니다. 나이로는 제가 열 살 정도 위입니다. 그러니까 제가 대학에서 독일어 수업을 맡게 된 첫해에 아게마스 씨는 대학 1학년이었어요. 처음으로 학생들에게 'ABC'를 가르치던 때 만난 거죠. 그 후로 한동안 연락이 없었다가 우연히 다시 만나게 되었습니다. 아무래도 그게 인연이 된 모양입니다.

진행자

그 당시 어느 학교에서 강의하셨습니까?

고야스

와세다 대학 이공학부입니다.

그런데 독일어 학습 면에서나 나이 면에서는 제가 선배라도, 슈타이너 공부에 관해서는 아게마스 씨가 훨씬 먼저였습니다. 학생 시절에 벌써 시작했으니까요. 자세한 건 뒤에 본인이 얘기하겠지만.

그래서 지금도 도쿄에 있는 일본 슈타이너 하우스에서 다른 분들과 함께 공부하면서도 슈타이너에 관해서는 언제라도

아게마스 유우지

아게마스 씨께 배우는 자세입니다. 그런 의미에서 이번에 아게마스 씨와 함께 대담하게 된 것을 매우 기쁘게 생각합니다.

자기 소개나 슈타이너와의 만남은 아게마스 씨가 먼저 말씀하시는 게 좋을 듯합니다.

아게마스

전 건축이 전공이라서 슈타이너를 접하게 된 것도 건축 공부를 하면서부터입니다. 흥미를 가졌던 대상은 건축 기술보다는 오히려 철학과 문학이었습니다. 그때 문학과 철학에 점점 몰두하면서 건축 공부를 아예 그만두려고 고민도 했었습니다. 그런데 이마이 겐지[1] 교수님의 수업을 듣게 되었어요. 나가사키의 이십육 성인 순교 기념관과 황궁의 기념홀, 와세다 대학 도서관과 연극 박물관을 설계하신 이마이 교수님은 1963년 일본인으로서는 최초로 가우디[2] 연구자 자격으로 유럽의 '가우디의 친구'라는 단체로부터 초대를 받고 식전에 참석하셨습니다. 돌아오는 길에 도르나흐[3]에 들러 슈타이너의 건축을 보고 크게 감동받아 일본에 돌아와서 슈타이너 건축에 관한 강의를 하셨습니다.

저는 전공 수업을 별로
듣지 않는 편이었습니다만,
그 수업만큼은 무척 흥미롭
게 들었습니다. 그 강의에서
철학자이자 괴테 연구가인
슈타이너가 설계하여 세운
건축물이 '괴테아눔'이라는
것을 처음 알게 되었습니다.
1963년 가을입니다.

고야스 미치코

그것은 마치 청천벽력과도 같았습니다. 철학이나 문학에
만 흥미를 갖고 건축을 그만두려던 나에게 그 두 가지가 이
어질 수 있다는 사실은 너무나 큰 충격이었죠. 그날 일이 지
금도 선명하게 기억납니다.

진행자

몇 학년 때의 일입니까?

아게마스

대학 2학년 가을이었습니다. 그날 연극하는 친구랑 만나기로
했는데, 그 강의를 들은 직후 거의 날듯이 뛰어갔던 일이 생
각납니다.

요컨대 철학이나 사상, 문학의 세계가 건축 세계와도 통
할 수 있다는 가능성을 깨달은 것입니다.

그 후 가우디 역시 가톨릭의 깊은 사상과 건축을 서로 결부시켰다는 사실을 알고 저는 매우 흥미로웠습니다. 그 정도로 이마이 교수님의 괴테아눔에 관한 강의는 감동적이었죠. 그것이 슈타이너와의 첫 만남입니다.

그리고 졸업 논문으로 건축 공간론을 쓸 것인지, 슈타이너론을 쓸 것인지 고민하다 슈타이너론을 하기로 결정했습니다.

이케하라[4] 교수님이 프란스 카를그렌의 『루돌프 슈타이너』라는 영문 소책자를 번역하라는 과제를 내주셨습니다. 저는 한 달 동안 기숙사에 틀어박혀서 전부 번역해 냈지요. 그것을 기초로 논문을 쓰는 것이 궁극적인 과제여서 저는 『슈타이너의 건축과 사상』이라는 졸업 논문을 썼습니다. 그것이 슈타이너의 생애와 사상을 접하게 된 최초의 계기입니다. 1965년 가을의 일입니다.

진행자

일본에서 구할 수 있는 책은 그것뿐이었습니까?

아게마스

그것은 당시 이마이 교수님과 이케하라 교수님이 가져오신 책 가운데 하나였습니다. 또 다른 책 『새로운 건축 양식의 길』은 어학 연구소의 야스이 교수님이 1963년에 들여와서 번역도 하셨습니다. 그리고는 카를그렌의 책이 전부였습니다.

그 밖에 구할 수 있는 책은 없었지만 그래도 논문을 제 관심사와 연결시켜 쓰려고 무진장 애를 썼습니다.

졸업한 뒤, 아무래도 스위스의 도르나흐에 있는 괴테아눔을 직접 보러 가고 싶어서 렉스 라브⁵⁾ 씨에게 편지를 썼습니다. 스위스의 바젤 근처에서 일하면서 슈타이너 공부를 하고 싶다는 내용이었죠.

다행스럽게도 장학생으로 선발되었습니다. 괴테아눔에서 9월 말 미카엘 축제⁶⁾에 올 수 있겠느냐는 연락이 와서 갈 수 있다는 편지를 독일어로 써 보냈습니다.

그리고 1967년 9월 말 유럽으로 건너갔습니다. 그것이 모든 것의 시작이었습니다. 지금부터 20여 년 전 일이지요.

그쪽에 가서도 건축에 관해서는 처음부터 확신이 있었습니다. 작품으로 볼 때, '슈타이너 건축에는 깊이가 있고, 내가 찾던 유일한 가능성이다, 그러니까 그 사상적 배경을 공부하지 않으면 결국은 건축도 알 수 없다, 그러므로 인지학이 무엇인지 내 눈으로 확인해야겠다'고 마음먹었습니다.

생활이 익숙해지자 조금씩 사상 그 자체에 관심과 흥미가 생겼습니다. 먼저 슈타이너의 철학 박사 논문 『진리와 학문』을 읽었습니다. 그것을 읽고 인식 방법으로써 인지학이라는 주제에 관심을 가지면서, 슈타이너가 철학자로도 상당히 깊이가 있다는 것을 발견했습니다. 그때 비로소 인식론에 대한 흥미를 갖게 되었죠. 예술론에 관해서는 이미 관심이 있었지만, 한편 사회 문제에 대해서는 어떤 태도를 취했는지 알고 싶어졌습니다. 정말로 현대의 모든 문제에 대입할 수 있는지 읽어 보았더니 역시나 상당한 설득력이 느껴졌습니다.

그리고 나니 슈타이너의 그리스도론이 어떤지도 확인해 보고 싶어졌습니다.

이렇게 조금씩 파고들다 보니, 그냥 훌륭한 건축가라고만 생각했었는데, 슈타이너가 사상가로서도 훌륭하다는 사실을 알게 되었습니다. 뿐만 아니라 슈타이너 학교, 곧 발도르프 학교라는 주제도 발견했습니다. 훨씬 뒤의 일입니다만. 슈타이너의 관심이 폭넓은 영역에 걸쳐 있어서 저 역시 다양한 분야를 접하면서 조금씩 알게 되었습니다. 그것이 슈타이너와의 첫 만남이었습니다.

『독일의 자존심 슈타이너 학교』

고야스

오이리트미스트(표현 율동 예술가)가 되신 에스코 씨 얘기가
아직 나오지 않았습니다만. 저도 66년부터 67년까지 독일에
있었어요. 그때는 처음 유학하던 시기라 전부터 하고 싶었던
독일 문학과 독일어 교수법만을 배우고 돌아왔습니다.

진행자

당시 결혼은 하셨습니까?

고야스

네. 두 살 된 아이가 있었지만 일본에 놔두고 저 혼자 떠났
습니다.

나중에 다시 한 번 가게 되었을 때는 가족 모두가 갔습니
다. 71년부터 73년까지의 일입니다. 마침 딸아이가 초등학교
에 입학할 시기였습니다만 저는 좀 가볍게 생각했어요.

교육이라는 문제를 그다지 진지하게 생각해 본 적이 없었
으니까요. 돌이켜보면 제 자신도 좋은 학교에 다니던 시기도
있었고 그렇지 않은 적도 있었습니다. 또 전쟁이라는 시대적
상황으로 어느 학교에서나 군국주의를 강제로 주입받기는 마
찬가지였죠. 그 속에서 훌륭한 선생님도 있고 이상한 선생님

도 있어서, 결국 성공이냐 실패냐, 하는 문제는 운이라고 여겼습니다.

제 자신이 '무사태평한 엄마'였느냐고 하면 또 그렇지는 않아서 극성스러운 면도 있었습니다. 아이가 어떻게 자라 주었으면 좋겠다는 염원은 여러 가지 갖고 있었으니까요.

그렇지만 학교 선택 문제에서는, 그쪽에 가서 적당히 아무 데나 넣어도 되겠다고 생각했습니다.

진행자

뒤셀도르프에는 일본인 학교가 있는데 그런 쪽은 생각해 보지 않으셨습니까?

고야스

아니오, 생각해 보지 않았어요. 저는 전쟁중에 외국에서 태어났습니다. 그 뒤에 아버지가 실직하신 채로 2년 정도 이곳저곳으로 떠돌아다니며 아주 고달픈 생활을 했습니다. 어린 마음에 왜 이런 희생을 해야 되는가 싶었죠. 원망도 많이 했었어요. 성장해 가면서 도대체 난 왜 이런 가정, 이런 부모 밑에 태어났을까. 그렇지만 원망할 일이 아니라 정정당당하게 맞서야 한다고 깨닫게 되었습니다. 어려운 상황을 어떻게 받아들이고 극복해 나갈 것인가. 그것이 곧 이 세상에 태어난 이상 인간이 가야 할 길이며, 사실은 한 사람 한 사람 모두에게 다른 길이 준비되어 있으리라는 생각을 막연히 품게 되었습니다.

부모의 사정에 따라 외국 생활을 해야 한다면 내 아이도 자기 처지를 받아들여야겠지요. 도망쳐서도 안 되고, 그것 자체가 아이가 받아들여야 할 운명이라고 생각했기 때문에, 그쪽에 가서도 따지지 않고 아무 데나 입학시키려고 했습니다. 그런데 가기 전에 우연히 몇몇 사람들로부터 슈타이너 학교라는 별난 학교가 있다는 얘기를 들었습니다. 뮌헨에 가서도 들었습니다. 슈타이너 학교가 아주 먼 곳에 있었다면 일부러 갈 것까지는 없다고 생각했을 텐데, 마침 집에서 걸어서 15분 정도 거리에 있더군요. 입학 수속은 이미 끝난 뒤였지만 문을 두드리니 흔쾌히 허락해 주었습니다.

좋은 학교니 나쁜 학교니, 하는 편견을 가능한 한 갖지 않고 우선 지켜보기로 했습니다.

역시 별난 학교이긴 하더군요. 그런데 재미있는 것이 아이가 아주 즐거워하며 다니는 것이었습니다. 휴일이 되면 오히려 심심해하고 학교에 가면 선생님 손에 매달리는 아이의 모습 하나만으로도 저는 신선한 충격을 받았습니다. 공부를 잘 가르친다거나 학력이 인정되는가, 하는 의미에서 좋은 학교인지 아닌지는 보류해 둔 채, 여하튼 재미있는 학교라는 생각을 하며 2년을 지내다 돌아왔습니다.

그리고 거기 있으면서도 별난 학교라는 생각이 들어 책도 몇 권인가 찾아 읽어 봤습니다. 이렇게 독특한 학교라면 분명히 일본 교육학 분야에서도 잘 알려진 학교겠지, 나만 모르고 지냈겠지 싶었습니다. 꽤 재미있어서 일본에 돌아온 뒤에도 서점에 들러 그 방면의 책을 찾아봤습니다. 그런데 교육학 서가 앞에 서서 교육학 사전이나 서양 교육사를 아무리 뒤져 봐도 나오지 않았습니다.

한참 지난 뒤에야 1910년대부터 1930년대 당시 출간된 교육 전문 잡지에 몇 분인가가 논문 형태로 슈타이너 학교를 소개한 적이 있다는 사실을 알았습니다. 그러니까 엄밀히 말

뮌헨 시 지도

해서 관련 문헌이 전혀 없었던 건 아니었어요. 하지만 보통 서점에서는 쉽게 발견할 수 없었습니다.

지금까지 알려지지 않은 게 참 이상하다고 여기면서 주변 사람들에게 내가 체험한 이야기를 들려주었습니다. 그것이 전해지고 전해져서 중앙공론사(中央公論社)의 편집장 귀에 까지 들어갔나 봐요. 어느 날 그분이 찾아와서 구체적인 얘기를 듣고 싶어했습니다. 딸아이의 공책 등을 보여 주며 이야기했더니 체험기 형식으로 한번 써 보지 않겠느냐는 제안을 했습니다. 그래서 1975년 여름 『독일의 자존심 슈타이너 학교』를 쓰게 되었습니다. 호숫가 산장에 틀어박혀 기억을 더듬으며 써 내려갔지요.

그 책을 쓰면서 나 자신이 교육에 관해서 '무지' 하다는 사실을 깨달았습니다. 그렇다 해도 마음을 움직이는 인간적인 체험을 솔직하게 써 보자고 마음먹었습니다. 일본 교육 관계자들에게 자료가 되면 더욱 좋겠지만, 이 책 자체는 교육을 논하는 책이 아니라고 한정하면서 말이죠.

그런데 출간되고 보니 의외로 많은 독자들이 편지를 보내 주셨고 교육학 관계자들의 반향도 컸습니다. 제가 의도한 이상으로 교육학 책으로 읽어 주셔서 조금 당황스러웠습니다. 그러는 동안, 당황스러워만 할 게 아니라 조금씩 배경을 공부해야겠다고도 마음먹게 되었습니다. 하지만 아무래도 내

적성은 문학이라는 생각에 교육 분야를 바로 파고들어 가기는 어려웠습니다.

뭐랄까, 문학이 거짓 없이 인간의 밑바닥까지 드러내 보이는 세계라면, 교육은 왠지 훌륭한 척해야 할 것만 같아 답답한 느낌이 들었습니다. 그 속으로 들어가는 것이 싫어서 도망치고 싶다는 기분까지 들었습니다.

그 사이 일본에 돌아온 지 4년이 지났습니다. 딸아이는 독일인 학교에 다니고 있었는데, 거기도 분명한 공교육의 세계인 탓에 시험도 수업도 엄격하게 진행되었습니다.

아이가 점점 점수의 세계에 휩쓸려 가는 현실을 매일매일 지켜봐야 했습니다. 한편 슈타이너 학교에서의 경험은 단지 과거의 일로 잊혀지지는 않았습니다. 지금쯤 거기는 그 수업이 진행되고 있겠지, 그런데 여기는 이런 시험을 보고 있구나, 하면서 아이가 매일같이 비교를 하더군요. 또 슈타이너 학교에서는 우리 아이를 위해서라면 언제라도 자리를 비워 둘 테니 오고 싶으면 오라는 편지도 보내 주었습니다.

진행자

일본 학교가 아니라 독일인 학교를 선택하신 것은 어떤 이유에서입니까?

고야스

그 당시 슈타이너 학교는 '무사태평한' 태도로 일관했습니다.

처음 2년 가량 단 한 번도 시험 같은 걸 치른 적이 없을 정도로 태평했으니까요. 그때에도 일본의 뉴스와 신문에서는 자살하는 학생들 이야기 같은 무시무시한 사건들투성이였습니다. 이대로 일본으로 돌아가 교복과 급식에 익숙지 않은 아이를 무작정 내맡기는 것이 무서웠습니다.

진행자

느낌만으로 그랬습니까?

고야스

느낌만이 아닙니다. 가치관 때문이라고 할까요. 먹는 것과 입는 것을 규제한다는 사실을 아이가 견딜 수 있을까, 하는 문제죠. 양말 목은 몇 센티미터여야 한다는 등의 규제가 있는 학교에 갑자기 보낸다는 게 어쩐지 두려웠습니다.

뮌헨에서 헤어질 때 담임 선생님은 '언제라도 원하면 돌아오세요.'라고 말씀해 주셨지만 저는 냉정해지자고 마음먹었습니다. 무턱대고 과거에 이끌려 그곳만이 최상의 학교라는 향수에 젖어 있는 것도 싫었으니까요. 물리적으로 멀리 떨어진 곳에 왔으니 잊어버리자 하면서도 한편으로는 그리워하는, 말하자면 완전히 결단을 내리지 못한 상태였습니다.

아무튼 돌아와서 독일인 학교를 아이와 함께 가 보았습니다. 우선 교복이나 급식 제도가 없는 것을 보고 안심했습니다. 공부를 엄하게 시키는 것 같았지만 적어도 생활 면에서 자유로운 것만도 다행이라는 생각에 독일인 학교에 보내기로 결정했습니다.

아이도 점차 학원에 적응하면서 좋아했어요. 처음에는 두고 보자는 심정이었지만 점점 위화감도 없어져 그대로 계속 다니게 되었습니다.

5, 6학년이 되니까 시험이 아주 어려워지더군요. 그런 때에도 슈타이너 학교에서 오는 편지는 여전히 그림만 그려진 공책의 연장 같은 것으로, 옛날과 달라진 게 없었어요.

6학년이 끝나갈 즈음, 아이 스스로 그곳 학교에서는 지금 어떤 수업을 하고 있는지 한번 가 보고 싶다고 했습니다. 마침 근무처에서 1년간 유학해도 좋다는 허락이 떨어졌어요. 이왕이면 중학교 과정도 한번 지켜보고 싶고, 배경이 되는 사상도 나 자신을 위해 공부해 보자는 생각에 독일로 다시 떠나게 되었습니다. 1977년의 일입니다.

그때 아게마스 씨와 다시 만난 게 15년 만인가요. 아게마스 씨가 대학에 들어온 해가 62년이었으니까 꼭 15년 만이로군요.

인지학 대회가 그해 뮌헨에서 열려서 가 봤습니다. 오이리트미 학교의 공개 수업도 있어서 가 봤더니, 한 일본 여성이 올해 1학년이라며 오이리트미 학교의 학생 신분으로 나와 있더군요.

또 건축 관계 강연으로 렉스 라브 씨의 강연이 있었습니다. 그 강연에서 아게마스 씨가 슬라이드를 돌리고 있었어요. 쉬는 시간에 잠시 밖에 나갔을 때 아게마스 씨와 정면으로 마주쳤습니다. 그런데 거기 좀 전에 무대에서 본 오이리트미 여성이 옆에 서 있는 거예요. 아게마스 씨 부인이라는 것을 금방 알아차렸죠.

제 얘기가 너무 길어지는 게 아닌지 모르겠어요. 아게마스 씨, 어서 에스코 씨 얘기를 해 주시죠.

다양한 만남

아게마스

조금 전에는 유학 시절의 이야기를 했습니다만, 2년간 거기 있다가 돌아온 뒤 와세다 대학원에서 『슈타이너의 건축과 사상』이라는 주제로 석사 논문을 썼습니다. 그것이 『건축』[7]이라는 잡지에 발표되었고 다시 사가미 서방에서 『세계관으로서의 건축』[8]이라는 책으로 74년에 출간되었습니다. 그때 처음으로 지금까지 공부해 온 것을 전부 정리해야겠다는 생각과 「건축과 사상」을 중심으로 교육 문제와 사회 문제 전체를 다루고 싶다는 생각을 했습니다.

뒤이어 1977년 훔볼트 재단에서 장학금을 받고 2년간 뮌헨 대학의 미술사 연구소에서 건축 공간론이라는 주제를 정리하게 되었습니다. 그때 아내도 함께 가게 됐는데 오이리트미 학교에 다니고 싶다고 하더군요.

고야스

에스코 씨도 와세다 대학 문학부에서 공부하던 분입니다. 스페인 무용, 고전 발레, 러시아 무용까지 여러 가지 무용도 배운 사람이죠. 전공은 독일 문학이었습니다. 그러고 보니 에스코 씨도 슈타이너 공부를 시작했겠군요. 그래서 결혼까지

대형 돔 천장화 모티브 구성
(루돌프 슈타이너 원고에서)

위 : 제1 괴테아눔의 서쪽 정면
아래 : 제1 괴테아눔 조감
　　　1913년 9월에 착공하여 제1차 세계 대전을
　　　거쳐 1920년 가을에 준공되었으나 1922년
　　　12월 31일 밤 방화로 불에 탔다.
위 · 아래 사진 : O. 리트만 스튜디오

하셨고요.

아게마스

뮌헨에 오이리트미 학교가 있는지는 몰랐습니다. 만약 없다면 아내는 슈투트가르트에서, 나는 뮌헨에서 공부하기로 했었죠. 다행히 뮌헨에도 오이리트미 학교가 있길래 길레루트[9] 씨 댁에 머물기로 했습니다. 1977년 가을부터 오이리트미 학교에서 4년간의 수업이 시작되었습니다.

그 첫해에 있었던 회의에서 고야스 선생님을 만났습니다. 그당시는 『독일의 자존심 슈타이너 학교』가 굉장한 평판을 얻을 때였습니다.

고야스

책이 75년도에 나왔거든요.

아게마스

슈타이너 학교의 교육 내용을 따님의 체험을 통해 설명하신 거죠. 딱딱한 이론과 개념이 아닌 생생한 드라마로 구성하면서요. 교육 문제에 대한 저의 관심은 『독일의 자존심 슈타이너 학교』를 읽고 고야스 선생님을 만난 뒤에 한층 커졌습니다.

교육자로서 슈타이너의 위대함에 대해서는, 브루노 월터[10]가 교육학적으로 매우 큰 업적을 남겼다고 높이 평가했습니다. 교육학적인 업적뿐만 아니라 인류의 교육자로 평가받을 날이 올 것이라고도 장담했습니다.

진행자

월터가 언제 그런 말을 했습니까?

아게마스

노년기인 1961년입니다.

진행자

건축 세계나 예술 세계에서 슈타이너에게 관심을 가진 사람
이 그렇게 많지 않았나 봅니다. 어떻게 해서 관심을 갖게 되
었는지도 궁금합니다.

아게마스

그렇습니다. 계기를 말하자면 지금으로부터 상당히 오래된
이야기입니다만. 1926년, 이마이 겐지 교수님이 처음 유럽을
여행하실 때 도르나흐에 들렀습니다. 귀국한 뒤 '괴테아눔의
신건축에 관하여'라는 제목으로 예술 잡지에 슈타이너의 건
축에 관해 쓰셨습니다.

고야스

중요한 이야기입니다. 일본인으로는 처음으로 이마이 교수님
이 슈타이너의 업적이라고 할까, 작품들을 실제로 직접 접하
고 온 때가 1926년이라는 것은 역사적으로 짚어 두어야 할
점입니다.

아게마스

그렇습니다.

진행자

그러면 단순히 건축뿐만 아니라 슈타이너의 인간상 같은 것
에도 관심을 갖고 돌아오셨다는 말씀입니까?

아게마스

물론입니다. 건축계에서 당시 주류는 바우하우스[11]였습니다.
근대 건축 운동은 코르뷔지에[12]나 미스 반 데르 로에[13]가 주
류를 이루었죠. 가우디도 슈타이너도 그 영향에 가려져 아주
극소수의 사람만이 그 의미와 가치를 발견하는 것이 현실이
었습니다.

진행자

아게마스 선생님은 슈타이너 학교에 가 보신 적이 있습니까?

아게마스

처음 독일에 갔을 때, 1968년부터 1년 동안 엥엘베르크에 살
았습니다.

고야스

조금 전 말씀하신 라브 씨댁 말이죠.

아게마스

엥엘베르크에 자유 발도르프 학교가 있었습니다. 슈투트가
르트 교외입니다. 그 학교 선생님과 매일 함께 식사를 하며
1년 동안 함께 지냈습니다. 학생들도 만나고 학교 건물도 늘
보아 왔지요.

진행자

1년 동안 봐 온 느낌이 어떤지 말씀해 주시죠.

아게마스

근처에 사는 아이들은 걸어서 오고 멀리 사는 아이들은 스쿨버스를 타고 옵니다. 주변이 과수원인데 그 언덕 위에 세워진 학교입니다. 엥엘베르크는 독일어로 '천사의 산'이라는 뜻입니다. 학교는 성터를 이용해서 아주 자그맣게 시작되었다가 규모가 점점 커졌지요. 제가 갔을 때는 새로운 발도르프 학교 건물이 세워져 있었습니다. 내부도 전부 견학할 수 있었는데, 실제로 콘서트나 강연회가 자주 열렸습니다. 오이리트미 무대도 있었습니다. 슈투트가르트의 카르마 오케스트라 연주회도 열렸습니다. 요컨대 슈타이너 학교가 엥엘베르크에서는 문화의 중심지가 되고 있다는 말입니다.

고야스

학교인 동시에 문화 센터로군요.

아게마스

공개 장소인 셈이죠. 시민 회관같이 한 지역의 중심 역할을 했습니다.

그리고 아이들이 매일 즐겁고 유쾌하게 생활한다는 인상을 받았습니다. 집에서 사무실로 올라가는 길에 학교에서 내려오는 아이들을 자주 만날 수 있었어요.

『슈타이너 학교의 참교육 이야기』

고야스

독일에는 1977년에 딸아이랑 가서 1년 가량 머물다 돌아왔
습니다. 귀국할 때 아이와 같이 올지, 남겨 두고 올지 평소
와 다르게 고민을 했습니다.

진행자

그때 따님은 몇 학년이었습니까?

고야스

중학교 1학년에서 2학년 사이였습니다. 아이를 데리고 올지
남겨 둘지, 그리고 남겨 두면 어떤 형태로 할지 전에 없이
고민스러웠지요. 그 당시 아게마스 씨 부부가 뮌헨에 가까이
있어서 이 문제를 놓고 자주 상의했습니다. 아이를 어떤 가
정에 맡기면 좋을지 아게마스 씨도 신경을 많이 써 주셨습
니다. 저보다는 아무래도 아게마스 씨가 훨씬 발이 넓었으니
까요. 슈타이너 관련 사람들 중에도 아는 분이 많은 덕분에
여러 가지 다양한 의견을 들을 수 있었습니다. 지금 돌이켜
보면 그 덕분에 마음놓고 아이를 남겨 두고 올 수 있었어요.
제가 귀국할 때쯤 아게마스 씨는 '1년 정도 더 남아 있을 거
니까 따님은 제가 잘 돌보겠다.'라고 하며 진지하게 말씀해

주셨어요. 그때 아게마스 씨의 표정은 잊을 수가 없습니다. 그래서 전 안심하고 돌아올 수 있었습니다. 딸아이는, 자주 초밥이니 어묵이니 하는 것을 얻어먹었다며, 편지로 자랑을 했습니다. 그리고 이번엔 아게마스 씨 혼자서 돌아오셨습니다. 부인 에스코 씨만 뮌헨에 남았는데도 가끔 일본에 들를 때는 언제나 딸아이와 함께 동행해 주셨습니다. 언제나 후견인 역할을 톡톡히 해 주셔서 저희는 부모로서 정말로 마음 든든했습니다.

진행자

슈타이너의 사상을 번역해 온 닛타 요시유키 선생님과는 가족끼리 서로 잘 아신다고 들었습니다. 따님과 닛타 선생님 자제분과는 어느 정도 나이 차이가 납니까?

고야스

닛타 선생님의 따님 유코 양이 서너 학년 위일 거예요.

닛타 씨와는 인연이 깊지요. 유코 양은 독일 함부르크에서 태어났습니다. 유아기를 거기서 보내고 가족이 모두 일본으로 돌아왔습니다. 그리고 얼마 뒤 우리 딸이 태어났어요. 그러자 유코 양이 입던 옷가지며 장난감을 많이 주셨습니다. 모두 독일제였고 그 당시로서는 매우 질이 좋은 것들이어서 저희 부부는 아주 감사했습니다.

저에게 1년 동안의 독일 체류 경험은 일종의 전환기였습

니다. 그때까지 저는 슈타이너 학교와의 관계는 학부모일 뿐
이다, 교육론은 아직 공부할 필요 없다, 하는 소극적 자세를
가졌었지요. 하지만 『슈타이너 학교의 참교육 이야기』[14]를 쓰
면서 겨우 한 고개를 넘은 듯한 느낌이 들었습니다.

좁은 의미에서의 교육론이나 공부할 게 아니라 이 학교를
지탱하는 배경인 슈타이너의 사상을 배워 보자 결의하고 돌
아왔다는 겁니다.

다만 아직 공부를 시작하는 단계이므로, 『슈타이너 학교의
참교육 이야기』를 쓸 때는 체험기 형식으로 하되 조금 공부
한 것을 드러내지는 말자고 마음먹었습니다.

그와 동시에 공부는 계속해 나가자는 생각에서 아게마스
씨가 귀국한 뒤 함께 공부하자고 부탁했습니다.

그리고 81년에 아게마스 에스코 씨가 오이리트미스트가
되어 돌아왔습니다.

진행자

아게마스 선생님의 귀국 시기와는 차이가 나는군요.

아게마스

제가 먼저 돌아오고 아내는 2년 더 남아서 공부했습니다.

고야스

오이리트미 과정을 수료하는 데는 4년 정도 걸리거든요. 에
스코 씨가 공부하는 동안 여기서는 무대 공연을 준비하고 있

기로 했죠.

그때 슈타이너의 '삼지적 구조'라는 인간 관계의 이상적인 모습, 뒤에 다시 이야기하겠습니다만, 사물을 실행할 때의 본연의 자세를 설명하는 이념을 우리가 실제로도 제대로 실연할 수 있을까 고민하다가 한번 해 보기로 했습니다. 요컨대 그 무대 공연 일체를 직업적인 매니저의 손을 빌리지 않고 우리끼리 해 보자는 포부를 가졌던 것입니다. 81년의 일이었습니다. 적자를 각오하고 비장한 결의로 시작했습니다만, 적자는커녕 오히려 아마추어로서는 놀라울 만큼의 흑자를 냈습니다.

그 일로 보람 같은 것을 느꼈습니다. 자신감이라고 하면 과장이고, 헛된 시도만은 아니라는 것을 깨닫게 되었습니다. 그 결과라고 할까, 다음해인 82년에 마침내 지금의 슈타이너 하우스가 탄생하였습니다.

슈타이너 하우스의 탄생

진행자

일본 최초의 슈타이너 하우스는 어디에 세워졌습니까?

고야스

도쿄의 다카다바바입니다.

처음엔 어느 학교 교실을 시간당으로 빌려 썼습니다. 교실 하나를 매주 목, 금, 토요일 밤 세 시간씩 사용하고 매달 세 번의 일요일은 하루 종일 자유롭게 쓰기로 했습니다.

이렇게 스터디 그룹을 만들고 진행하면서 점점 시간과 장소가 부족하다고 느끼게 되었습니다. 그래서 지금의 장소로 옮기게 되었어요. 모두 힘을 모아 부지를 찾고 건물은 아게마스 씨가 설계하여 세웠습니다.

진행자

선생님은 언제부터 참여하셨나요?

고야스

제가 스터디 그룹에 참여한 것은 1978년부터입니다. 아게마스 씨는 그전부터 하고 계셨죠?

아게마스

그렇습니다. 너덧 명과 함께였지요.

1982년 4월 1일, 아직 '슈타이너 하우스'라는 이름도 없었지만, 교육에 관심을 가진 많은 사람들이 모여 그 방을 가득 메웠습니다.

고야스

예순 명이 좀 넘었습니다.

아게마스

슈타이너 하우스가 시작될 때는 연구회도 지금만큼 많지 않았습니다. 우선 슈타이너의 저서 『보편적 인간학』을 공부하는 교육 연구회가 있었습니다.

고야스

『신지학』(135쪽 참조) 공부는 그전부터 시작했습니다.

아게마스

네, 『신지학』 연구회가 있었습니다.

고야스

그 두 연구회부터 시작했어요. 『신지학』 연구회가 스무 명 정도였고 교육 연구회가 마흔 명 정도였지요.

아게마스

그렇습니다.

고야스

그러면서 연구회의 수가 점점 늘어났죠. 오이리트미 스터디 경우, 한 주에 한 번 모이는 반이 너덧 개나 되면서 나중에는 들어갈 자리가 없을 정도로 인원 수가 늘었습니다.

아게마스

그렇습니다.

고야스

슈타이너 하우스를 처음 연 4월 1일에 모인 인원은 60명 남짓이었지만, 전국에 편지를 보내자마자 바로 170명이 넘는 사람들로부터 가입하겠다는 신청이 몰려들었습니다. 지금은 약 8,900명으로 늘어났습니다.

진행자

그 당시 신청한 사람들은 어떤 사람들입니까?

고야스

학생도 있고, 주부, 유치원 교사에서 대학 교수에 이르기까지 다양했습니다. 시간에 얽매이지 않는 자유 직종이 상당수 있다고 해야 할까요. 전업 화가도 있고 그림을 그리면서 생업을 가진 분도 있었으니까요.

아게마스

지금도 다양한 직업의 사람들이 모이는 건 마찬가지입니다.

고야스

맞아요. 지금도 그 점에선 변함없습니다.

아게마스

저널리스트도 있습니다.

위 : 일본 루돌프 슈타이너 하우스 외관

왼쪽 : 천장이 높게 지어진 슈타이너 하우스
　　　의 내부

아래 : 스웨덴 스톡홀름 교외에 위치한 루돌
　　　프 슈타이너 세미나 하우스

진행자

그런 사람들은 고야스 선생님의 책을 읽고 흥미를 느끼고 온 사람들인가요?

아게마스

책을 읽고 온 사람들이 압도적으로 많습니다.

고야스

요즘도 첫 번째 토요일 모임에 매번 스무 명 정도의 사람들이 새로 옵니다.

아게마스

처음으로 슈타이너 하우스에 오는 사람들의 모임입니다. 대부분이 『독일의 자존심 슈타이너 학교』, 『슈타이너 학교의 참교육 이야기』를 읽고 공감하여 관심을 갖게 되었다고 합니다.

고야스

에스코 씨가 82년부터 여러 곳에서 오이리트미를 강의하기 시작한 것도 계기가 되었습니다. 아사히 컬처 센터나 세이부 커뮤니티 컬리지 같은 공개된 장소에서 강좌를 열었거든요. 슈타이너 하우스 안에서도 강의를 했습니다만. 외부에서 열린 강좌에는 잘 모르는 분들이 우연히 왔다가 오이리트미를 배우기도 합니다. 그런데 에스코 씨는 강좌에 오신 분들에게 수업 시간마다 말씀하십니다. 오이리트미는 단순한 무용이 아니므로 배경이 되는 슈타이너 사상을 배워야 한다고요. 그 말을 듣고 슈타이너 하우스를 찾는 분들이 많습니다. 매월 첫 번째 토요일 모임에 이렇게 해서 찾아온 분들도 꽤 있습니다.

지금(87년도 2월)도 한창 오이리트미 무대 공연이 전국적으로 열리고 있습니다. 이를 계기로 다음달도 그 다음달도 첫 번째 토요일에 찾아오실 분들이 많을 거라고 예상합니다.

주

1) 이마이 겐지(今井兼次, 1895~1987) : 와세다 대학 명예 교수, 건축가, 일본 예술원 회원. 대표작으로 와세다 대학 도서관, 항공 기념비, 로쿠야마 미술관, 오오타키 시청사, 나가사키 일본 이십육 성인 순교 기념관, 황후 폐하 환갑 기념홀, 오스미 기념관, 토야마 기념관 등이 있다.

2) 가우디(Antonio Gaudi y Corent, 1852~1926) : 스페인 건축가로서 바르셀로나를 중심으로 독자적인 건축물을 남겼다. 대표작으로 구엘 파크, 카사 밀라 등이 있고 사그라다 파밀리아 성당은 일생을 건 대작으로 지금도 계속 건축이 진행되고 있다.

3) 도르나흐 : 스위스 바젤 근교의 괴테아눔 소재지.

4) 이케하라 요시오(池原義郎, 1928~　) : 와세다 대학 교수, 건축가. 대표 건축물로 시라하마 중학교, 쇼자와 성지 영원 예배당·납골당, 와세다 대학 도서관 등이 있다.

5) 렉스 라브(Rex Raab, 1914~　) : 영국 건축가. 대표 건축물로는 자유 발도르프 학교 엥엘베르크, 크리스틴 게마인샤프트 베를린 등이 있고, 저서로는 『말하는 콘크리트』(1972), 『발도르프 학교 건축』(1982) 등이 있다.

6) 미카엘 축제 : 9월 29일. 성서와 성서 외전에 나오는 대천사 미카엘의 축일.

7) 『건축』 : 아게마스 유우지 지음(中外출판). 「루돌프 슈타이너 건

축 노트」 1972년 6월~1973년 2월

8) 『세계관으로서의 건축-루돌프 슈타이너론』: 아게마스 유우지 지음(相模서방, 1974).

9) 프린트헬름 길레루트(1930~   ): 뮌헨 오이리트미 무대를 주재함. 지은 책으로 『깨진 가면·빛과 움직임』(晚成서방, 1984)이 있음.

10) 브루노 월터(Bruno Walter, 1876~1962): 독일 태생의 미국 지휘자. 브람스, 말러, 모차르트 음악에 뛰어난 해석을 보여 줌.

11) 바우하우스: 1919년 독일 바이마르에 설립된 국립 종합 조형 학교. 건축가 W. 그로피우스가 초대 교장. 클레, 칸딘스키 등 많은 저명한 예술가들이 교사로 근무했음.

12) 르 코르뷔지에(Le Corbusier, 1887~1965): 프랑스 건축가. 일생 동안 합리주의를 추진하였으며 바른 형태에 대한 뛰어난 감각을 지닌 근대 건축의 거장. 작품으로는 국제 연합 본부 등이 있다.

13) 미스 반 데르 로에(Ludwig Mies van der Rohe, 1886~1969): 독일 건축가. 1920년대에는 국제 기능주의 건축 운동의 한 축을 담당.

14) 『슈타이너 학교의 참교육 이야기』(원제: 뮌헨의 중학생): 고야스 미치코 지음. 1980년, 아사히 신문사 발행. 『주간 아사히』에 "엄마가 본 딸의 중학교 유학―지금 뮌헨의 학교에서"라는 제목으로 1979년 1월부터 6월까지 26회 시리즈로 연재된 것을 보완하여 간행.

제2장
슈타이너 학교의 교육

칠판에 그려진 곡선
가장 기본적인 포르멘으로 초등학교 1학년 학생들이
각각 하나씩 그린 것이 하나의 '작품'을 이룬다.

교과서 없는 교육

진행자

독일 슈타이너 학교의 교육에 관해 말씀해 주십시오.

고야스

16년 전, 아이가 입학했을 때 받은 충격은 몇 가지 점에서 매우 강렬했습니다. 하나는 교장 선생님이 없다는 것이었습니다. 처음 방문했을 때 '여기는 교장도 교감도 없습니다.' 라고 하며 당번 선생님이 맞아 주셨거든요.

왜 그런지 학부모들에게 별달리 설명도 해 주지 않았습니다. 나중에야 이해하게 됐지만 처음에는 놀라웠습니다. 그리고 1학년부터 8학년까지 담임이 바뀌지 않는다는 점도 놀라웠습니다.

세 번째, 교과서를 전혀 쓰지 않는다는 점이었습니다.

수업 시간이 집중 기간으로 구성된다는 점도 특이했어요. 여기에 대해서는 설명이 필요할 것 같군요. 보통 에포크 수업이라고 하는데, 일단 수학 공부를 시작하면 매일 수학만 3주 내내 계속합니다. 또 요리면 요리만 내리 3주 동안 계속합니다.

1, 2학년 때만 그런 식으로 진행되는가 했더니 학년이 올

라가 12학년을 마칠 때까지도 에포크 수업 방식으로 진행되었습니다. 기하학을 2주 동안 공부하고, 문학을 2주 동안, 그다음 공장 실습을 2주, 다음은 역사를 3주…… 계속 이런 식이었습니다.

그러니까 역사를 지금 3주 동안 배우고 난 다음에 역사 수업이 다시 돌아오는 것은 내년 이맘 때쯤입니다. 신기하고 놀라웠습니다.

진행자

에포크 수업이라면 하루 종일 그 수업만 하는 것입니까?

고야스

아뇨. 시간 비율로 보면 항상 월요일에서 토요일까지 아침 여덟 시부터 열 시까지는 에포크 수업으로 이루어집니다. 열 시 이후는 요일마다 달라지죠. 월요일은 음악과 체육, 화요일은 오이리트미와 영어, 이런 식으로 40분 단위의 수업이 이루어집니다. 일본으로 치자면 전문 과목을 개별 과목으로 두고 기초 과목이라 할 수 있는 수학, 국어, 이과, 사회 같은 것이 에포크 수업으로 구성되는 것입니다.

진행자

지금 말씀하신 개별 과목들을 모두 교사 혼자서 지도합니까?

고야스

아뇨. 에포크 수업을 반드시 해야 하는 것은 담임 교사입니다.

전문 과목의 경우는 전문 교사가 따로 있습니다만, 담임 교사도 가끔 전문 과목을 가르치기도 합니다. 한 반의 담임인 동시에 영어 전문 교사를 맡을 수도 있는 거죠.

진행자

고야스 선생님. 여담이긴 합니다만, 슈타이너 학교와 같은 시간 분할 방식이 일본의 학교에서도 가능할까요? 일본에 슈타이너 학교를 만든다고 해도 기존의 '학습 지도 요령'[1]이라는 것이 있어서 학년별로 '도달 목표'가 정해져 있지 않습니까. 슈타이너 학교와 같은 교육 활동이 일본에서도 성립할 수 있을는지…….

고야스

만약 학습 지도 요령이 있어서 걸림돌이 된다고 생각한다면, 에포크 수업뿐만 아니라 다른 점에서도 걸리는 건 마찬가지입니다. 교과서를 사용하지 않는 것, 점수를 매기지 않는 것, 시험을 보지 않는 것 등 여러 가지 점에서 충돌할 거예요.

진행자

점수를 매기지 않는 것은 사립이라면 어떻게 될 것도 같은데. 현재는 학년별 도달 목표라는 것이 정해져 있지요. 그 점이 가장 큰 걸림돌로 작용할 것 같습니다만.

고야스

그렇습니까. 그럼 여담이 나온 김에 말씀을 더 드리죠. 스위스 등지에서는 공립 학교에서 한두 분의 선생님이 '저는 슈타이너 방식으로 하겠습니다.'라고 해도 인정된다고 합니다. 일본으로 치면 어떤 공립 초등학교에서 다른 교사는 모두 보통 방식으로 하는데 어느 한 선생님이 '저는 슈타이너 방식으로 하겠습니다.'라고 했을 때 그 선생님이 1학년부터 8학년까지는 아니더라도 6학년까지 에포크 수업 방식을 할 수 있도록 스위스에서는 인정해 준다는 말입니다.

　현재 일본에서는 그런 것이 도저히 용납되지 않지만, 그런 예가 있다는 것을 알아 둘 필요가 있습니다. 스위스에서는 이미 하고 있다며 끊임없이 문부성에 건의하고 뜻을 같이하는 선생님들의 결연한 의지를 모으기 위해서라도요.

진행자

　일본에서는, 예를 들어, 토야마 아키라 선생님이 제창하신 '수도 방식'[2] 같은 교수법을 실행하겠다고 건의해도 제동이 걸릴 텐데요.

고야스

　그렇군요.

진행자

　여느 학급 선생님과 다른 수업 방식은 분명히 제약을 받을 것입니다. 학생이 학년이 올라가면 학생들이 서로 반이 바뀌게 되죠. 그런데 수업 방식이 다르다고 한다면 곤란해질 겁니다. 담임을 8년 동안 맡지 않는 이상은요. 참, 일본에서는 여러 가지 점에서 제약이 많습니다.

고야스

걸림돌이 된다고 한다면 다른 요소도 모두 마찬가지입니다.

그 다음으로 놀란 것은, 1학년 초에는 저도 그다지 신경 쓰지 않았습니다만, 시험도 전혀 보지 않고 점수도 매기지 않는다는 점이었습니다.

더욱 놀라운 것은 수업료였어요. 지금 뮌헨의 경우 수업료 액수를 학부모가 직접 정하도록 되어 있습니다. 우리 아이가 입학할 당시에는 그 정도는 아니었어요. 기준 액수가 있어서 '한 달에 72마르크이지만 사정이 여의치 않으면 내지 않으셔도 되고 더 내고 싶으면 더 내셔도 됩니다.'라고 선생님은 말씀하셨어요. '부모님께서 정하십시오.'라고요.

시간이 지나면서 점점 발전해 중학교 때는 학년 초에 서류를 받아 '올해 수업료는 우리 집 수입에 변경이 없는 한 이 금액으로 하겠습니다.'라고 써서 냈습니다. 그렇게 하고 나면 매달 예금 계좌에서 자동 이체 되는 방식입니다.

그러기 위해서 참고 자료가 있습니다. 그 가정의 수입 상황이 어느 정도이며, 가족은 몇 명이며, 그 중 학생이 몇 명이고 하는 등등의 자료입니다. 하지만 그것은 어디까지나 참고 자료일 뿐 원천 징수표를 첨부해 낸다거나 다른 증거 자료를 제시해야 하는 것은 아닙니다. 그 표에 얽매일 필요는 없습니다. 어디까지나 부모가 자율적으로 결정한다는 점은 놀라운 일이에요.

진행자

초등학생 경우 얼마였습니까?

고야스

1971년도에는 72마르크였습니다.

진행자

엔화로 환산하면 얼마입니까?

고야스

7,200엔 정도입니다.

학교 운영에서 제가 놀랐던 점은 그 부분이었습니다.

그리고 이번에는 수업이 시작되고 보니 아이의 공책은 달랑 한 권이었어요. 그 공책에다가 글씨를 쓰는 게 아니라 매일같이 그림을 그릴 뿐이었습니다. 공립 학교에 다니는 옆집 아이의 가방은 공책과 책으로 점점 무거워지는데 말입니다.

그런데 우리 아이는 언제나 에포크 공책 한 권, 크레용 한 상자에 리코더 하나. 그것만 딸랑딸랑 들고 학교에 갔다가 집으로 돌아왔지요. 공책을 펴 보면 항상 그림만 그려져 있고. (웃음) 어떻게 된 건가 의아스러울 따름이었습니다.

솔직히 말하면, 저는 오히려 다행이라고 생각했습니다. 우리 아이가 외국인이라서 갑자기 유창한 독일어로 수업을 받으면 따라가지 못할 것 같았거든요. 열흘 정도 지났을 때 아이의 공책에 왕이 그려져 있는 걸 봤어요. 'K'를 적어 놓고 쾨니히(König)라는 단어를 적어 놨더군요. 이런 정도라면 따라갈 수 있을 것 같았습니다.

수업을 자세히 살펴보면 독특한 점은 얼마든지 있지만, 이미 여러 곳에서 소개되었으니 이 정도로 줄이겠습니다.

진행자

학부모가 학교에 가 볼 기회는 많습니까?

고야스

수업 참관 같은 것이 학년마다 한두 번은 있습니다. 그런 때는 미리 통지가 와요. '아버지, 어머니, 오셔서 우리들 학교 생활을 보아 주세요.'라고 아이가 직접 쓰고 그린 그림 카드 형식으로요. 그래서 수업 참관을 했던 기억이 있습니다.

그것과 별개로 부모가 개별적으로 상담하러 가기도 합니다. 아이가 아무래도 이 부분을 이해 못한다거나 반대로 선

아이의 공책에서

생님이 아이가 수업중에 어떤 문제가 있는지 구체적으로 알려 주기 위하여 부모를 아이와 같이 수업받게 하는 경우도 있습니다.

좀 전에 말한 대로 반 전체가 하는 참관 수업이 있습니다.

또 매월 한 번씩 독일어로 '모나츠파이어'라는 월례 잔치가 열립니다. 강당의 무대 위에서 각 학급이 지금 하는 수업의 일부분을 보여 주는 것입니다. 같은 것을 이틀 하는데, 하루는 학생들끼리 서로 보고 이틀째는 학부모가 와서 봅니다. 매달 한 번씩 열려서 월례 잔치라고 부릅니다. 글자 그대로라면 매년 열두 번 열릴 테지만, 방학이 있으니 2개월에 한 번꼴이 됩니다.

진행자

숙제는 어떻습니까.

고야스

숙제는 있습니다. 매일매일 있는 건 아닙니다만, 자주 있는 편입니다.

아이들이 갓 입학해서는 숙제가 재미있다 하면서 잘합니다만, 1학년 말에서 2학년 초가 되면 재미없어 하고 곧잘 잊어버리기도 합니다. 제 아이도 그런 날이 있어서 '숙제를 잊어버리면 어떡하니.'라고 하며 밤중에 부랴부랴 시킨 적이 있어요. 그런데 다음날 학부모 모임이 있어 학교에 갔을 때,

선생님 말씀이 저녁 일곱 시 이후에 아이가 숙제를 떠올리면 시키지 말라는 것이었어요. (웃음) 그 점에도 놀랐습니다. 의미가 없기 때문이라고 이유를 말씀해 주시더군요.

진행자

일곱 시 이후에 하는 숙제가 의미 없다는 건 무슨 말이죠? 어차피 부모가 도와주기 때문에 그렇다는 말인지요.

고야스

아뇨. 자야 하니까요. 뿐만 아니라 그 시간에 아이에게 숙제를 하라고 시킨다면 아이는 머리를 쓰게 됩니다. 아직 이 시기는 공부 자체에 별로 머리를 쓸 이유가 없는데도, 의무감 같은 것에 구속되고 만다는 뜻입니다. 그러므로 아이가 스스로 생각해 내서 기꺼이 하지 않는 한 억지로 시키지 않는 것이 좋다고 생각합니다.

진행자

그럼 숙제를 잊어버리고 학교에 갔을 때는 어떻게 합니까. 특별한 벌이 있나요?

고야스

적어도 1, 2학년 때는 벌 같은 건 없어요. 중학교 단계가 되면 진짜 잊어버린 건지, 게으름을 피운 건지 스스로 의식하도록 지도합니다. 혹은 잊어버리는 횟수가 많아지면 왜 잘 잊어버리는지 이유를 물어봅니다. 집에 두고 가져오지 않았다고 거짓말하는 경우가 있는데, 그것도 자꾸 되풀이되면 아예 집에 가서 가져오라고 합니다. 그러면서 점점 엄격하게 지도합니다.

그 엄격함이란, 일률적으로 숙제는 해야만 한다는 교훈을 주기보다는, 아이 내부에서 자신을 점차 바라보고 돌아보는 연습을 하도록 도와주는 것입니다.

오이리트미

수업 과목 가운데 특별한 것이 있습니까?

고야스

가장 특징적인 것은 오이리트미(Eurhythmie)입니다.

진행자

좀 낯선 과목이군요. 설명을 해 주시죠.

고야스

오이리트미는 무대에서 보여 주는 완전한 예술이 아닙니다. 아이들이 배우는 오이리트미는 전혀 달라요. 전문가를 양성하는 교육 기관과 비교해 보면 이해하기 쉽습니다. 음악 학교나 미술 학교 같은, 전문가를 양성하는 대학이 있잖아요. 음대에 가는 사람은 장래 음악가가 되려는 사람이죠. 요컨대 호로비츠[3]나 아슈케나지[4] 같은 전문 음악인이 무대에서 연주하는 음악이 있습니다만, 어린아이가 배우는 음악이나 그림은 전문가가 되기 위해 배우는 것이 아니라는 말입니다.

그럼에도 불구하고 일본의 학교에서는 음악이나 그림을 일종의 특별한 훈련처럼 가르치기도 하지요. 하지만 슈타이너 학교는 다릅니다. 음악도 그림도 1, 2학년 때는 전문가를 지향하는 교육이 아닌, 한 인간으로 자라는 데 필요한 정도에서 음악과 그림을 배웁니다.

오이리트미라는 예술도 인간 양성에 필요한 교육이므로 아이들이 배우는 것은 무대 예술로서의 오이리트미와 상당한 차이가 있습니다.

그것이 전제된 위에서, 예를 들어, '포르멘(형태) 그리기' 수업과 관련해서 한번 살펴보지요.

우리 주위에 있는 물건과 움직임은 가장 기본적으로 직선과 곡선이라는 두 가지 요소로 이루어져 있지요. 그 두 가지의 조합으로 각도나 *나선*, 원뿔 등 더욱 복잡한 움직임이 만들어지고 그 결과로 형태가 생겨나는 것입니다. 실제로도 우리들은 내면에 직선과 곡선을 요소로 한 다양한 움직임과 의식을 가지고 있습니다. 그 안팎의 다양한 형태를 크레용으로 종이 위에 표현해 보라고 하는 것이 바로 '포르멘 그리기'의 의미입니다.

아이에게는 물론 그런 설명은 하지 않습니다. 1학년 첫날에는 공책 정중앙에 굵은 선 하나만을 크레용으로 죽 내리긋게 합니다.

갑자기 그리게 하는 것이 아니라 미리 몸으로 움직여 보도록 합니다. 1학년 교실 옆에 있는 오이리트미 교실로 옮겨 똑바로 움직여 보는 거죠. 다음으로 한 사람, 한 사람이 똑

바로 선 다음 이번에는 팔을 움직여 허공에 직선을 똑바로 그어 봅니다. 그리고 마지막으로 크레용을 들고 종이에 그립니다.

다음날은 반원, 그리고 *나선*…… 그런 식입니다. 역시 오이리트미 교실에서 이루어지며, 자신의 몸으로 각각의 동작들을 나타내 본 다음 공책에 크레용으로 그려 보는 식입니다. 그 다음 단계는 F나 D나 S자 같은 문자 단계입니다. 처음 그린 집(Haus, 하우스) 그림 속에서 직선에 어울리는 형태가 떠올라 자연스럽게 H라는 문자가 됩니다. 곰(Bär, 베르)에는 하나의 직선과 두 개의 반원이 보이므로 B가 된다는 식입니다.

포르멘 그리기는 5학년, 6학년까지 계속하며 목적은 어디까지나 움직임 그 자체가 갖는 다양한 전개와 변용입니다. 그로부터 문자로도 이행할 수 있고, 기하학 공부도 무의식적으로 준비되며, 식물의 성장을 생명으로 느낄 수 있는 바탕을 만들어 주는 등 다양한 교과로 넘어가는 다리 역할을 해 줍니다. 그러므로 교육적 본질과 오이리트미는 공통 요소가 많습니다. 아이들이 배우는 표현 율동의 가장 첫 단계는 이와 같이 개별적으로 이루어진다기보다는 포르멘 그리기와 일치되어 나타납니다.

그 과정에서 오이리트미 수업이 점점 독립하면서 오이리

트미 교사는 담임 교사와 수시로 연락을 합니다. 지금 산수 에포크입니까, 국어 에포크입니까, 어떤 문자를 하고 있습니까 등을 담임 교사에게 물어본 다음, 산수로 가기 전, 또는 문자로 가기 전에 필요한 오이리트미를 하게 되지요.

오이리트미 교사는 아이의 몸이 악기가 되어야 한다고 말합니다. 몸이 똑바른 몸짓이나 둥근 몸짓을 만들어 낼 수 있도록, 또는 A라면 A(아)라는 모음을 아이가 마음에서부터 발산할 수 있도록, 몸이 악기가 될 수 있게 준비시키는 것입니다.

A라면 A의 최종적인 형태는 점차적으로 공책에 나타나게 됩니다. 가장 나중에 완성되는 형태가 ABC 대문자 정도로 그것이 1학년 아이들이 학년 말에 이르는 도착점입니다. 말하자면 그전에 몸과 마음으로 움직여 보는 것입니다.

진행자

일본 교과와 비교해서 과목 형태와 시간 비중이 많이 다르군요.

고야스

물론입니다. 1, 2학년 때는 개별 과목으로 나누어지지 않습니다. 1학년과 2학년 사이에는 수학, 국어라고 부르지 않고, 수 에포크, 쓰기 에포크라고 합니다. 게다가 수학 시간에도 노래가 들어가고 그림이 들어가고 오이리트미가 들어갑니다.

실생활을 체험할 수 있는 실업 교과

고야스

3학년이 되면 새로운 과목이 추가됩니다. 아마 닛타 선생님이 '실업 교과'라고 처음으로 번역하셨을 거예요.

실체를 보니 저도 그말이 맞다고 여겨졌지요. 그러니까 몸 주변의 것으로 점점 눈을 넓혀 간다고 할까요. 4학년이 되어서는 요리와 사회로 갈라집니다. 그전에 3학년 때 자흐쿤데(Sachkunde)라는 과목을 세 번 정도 에포크 수업으로 받습니다. '전문적인 지식을 배운다'는 뜻인데 집짓기를 가장 먼저 합니다.

마침 학교 건물을 증축하고 있다면 그 일을 돕거나, 빵 굽는 가마가 있는 오두막을 교정에 짓는다면 그 일을 함께 합니다.

그런 기회가 없으면 2분의 1 정도로 축소된 집을 짓기도 합니다.

3학년이 되어 딸아이가 귀국하는 바람에 실업 교과가 들어간 수업은 받지 못했습니다. 여러 가지 책과 다른 사람의 얘기를 참고로 할 수밖에 없었어요. 3학년 때 처음에 수학 에포크가 있고, 독일어 에포크, 집짓기 에포크 또는 빵만들기 에포크가 있습니다.

빵만들기 에포크를 살펴보지요. 먼저 아이들을 빵을 만드는 상점에 몇 명씩 배정합니다. 큰 제빵 공장이 아니라 가능한 한 가내 공업 같은 작은 규모의 빵집에서 아이 나름대로 빵을 만들도록 합니다. 또 수학 에포크, 독일어 에포크가 있은 다음 실업 교과는 또 다른 상점에서 하고…….

진행자

어떤 종류의 상점에서 이루어지는지 궁금합니다.

고야스

여러 종류입니다. 작은 규모의 문방구, 정육점 같은 곳입니다. 거기서 아이들은 물건을 사들이거나 팔고 또 장부 적는 일 등을 하게 됩니다.

진행자

『자유 발도르프 학교』책에는 실업 교과라고 번역되어 있습니다. 실업 교과라는 말은 지금 일본에서 상당히 각광받고 있습니다. 1985년 가을에 고시된 학습 지도 요령을 보니, 저학년의 사회 과목과 이과 과목이 없어진 대신 생활 교과라는 새로운 교과가 생겼더군요. 신문에서 지은 이름을 그대로 문부성이 따라가는 형태가 됐습니다만.

그런데 이름만 지었지 명확한 내용조차 없는 것이 현 상황입니다. 이과 선생님들은 이과 선생님들대로 과목 자체가 탈락되는 상황을 보고만 있지 않을 것이고, 사회과도 마찬가지죠. 어찌할 바를 모르는 카오스 상태입니다.

한편 저학년의 이과를 폐지하는 데 반대하는 사람도 있습니다. 앞으로 어떻게 될지 지켜보아야 하는 상황입니다. 같은 생활 교과라도 운용하는 사람에 따라서 슈타이너 학교와는 상당히 차이가 나는 것 같군요.

진행자

오이리트미는 음악에서 악보를 읽으며 노래하는 '계이름부르기' 같은 기초 훈련과는 다른 것인지요.

고야스

계이름부르기라……. 아이들이 배우는 오이리트미를 학부모 입장에서 지켜본 뒤, 저도 아게마스 에스코 씨에게 배워 보기로 했습니다. 지금도 배우고 있습니다만. 어른이 배우는 오이리트미는 아이가 1, 2학년 때 학교에서 배우는 것과는 다른 데다 매우 엄격합니다. 그리고 왜 배우는지에 대한 확고한 자각이 필요합니다. 아이에게는 그런 이유를 묻지 않고 수업을 하지만. 지금 말씀하신 계이름부르기는, 제가 어릴 적 배웠던 대로 악보를 받아 음표를 읽어 가면서 곧바로 노래를 부르는 것입니다. '도미솔미 도미솔미 도' 하면서요.

오이리트미에서 아이들이 하는 것은 계이름을 입으로 부르는 것이 아닙니다. '도'라는 음이라면, 그 '도'라는 음이 아이 몸에 들어갔을 때 아이 몸이 악기가 되어 어떤 몸짓을 만들 것인가, '미'라면 어떤 몸짓으로 표현되는가를 실제로 해 보는 식입니다.

저도 중학교에 입학해서 한때 피아노를 배우고 싶었지만 전후 가정 사정으로는 무리였습니다. 노래하는 건 돈이 들지 않으니까 그저 음표를 보고 열심히 연습한 시절은 있었어요. 그런데 노래가 점점 어려워지자 노래를 부르면서 머릿속으로는 계산을 했습니다. '아, 여기는 장3도니까 이렇게 해야지. 앗! 여기는 반음 올려야 하는데.' 그 당시 음악 선생님이 저에게 '너, 일일이 계산하면서 노래하니?' 하며 나무라신 적이 있었습니다.

우리 딸은 일본에 있을 때 바이올린을 배우면서, 잠시 청음 교육을 받은 적이 있습니다. 절대 음감을 기른다고 피아노 건반 하나를 갑자기 쳐서 무슨 음인지 오선지에 그려 보는 방식이었지요. 음을 바로 대답하라고도 해서 가리켜지는 음에 따라 '올림 다' 음이나 '내림 사' 음이라고 답하면 틀렸는지 맞았는지 선생님이 바로바로 지적해 줍니다. 그러면 아이들은 결국 음 이름에만 반응하게 됩니다. 단순한 지적 (知的) 반응이죠. 그렇지만 오이리트미를 하게 되면, 지적 반응만 하는 게 아니라 몸을 악기로 이용할 줄 알게 됩니다. 음악이 아이의 몸을 움직이게 만드는 거죠.

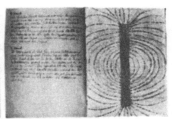

오른쪽 : 포르멘이 그려져 있는
　　　　아이의 공책
가운데 : (좌) 슈타이너 학교 외관과 문패
　　　　(우) 널찍한 학교 계단
아래 : 수업 광경

아게마스 에스코 씨와 같은 전문 오이리트미스트가 계이름부르기 같은 수업을 어떤 식으로 받았는지는 모릅니다. 성인 전문 수업에서는 어쩌면 처음 보는 곡을 음표만 보고 바로 불러 보게 하는 방식으로 했는지도 모르죠. 아이들은 그냥 몸으로만 움직입니다.

공립 학교와의 차이

진행자

독일의 공립 학교나 보통의 사립 학교는 슈타이너 학교와 비교해서 교과 진행 방식이나 여러 가지 점에서 전혀 다릅니까?

고야스

전혀 다릅니다. 딸아이가 2학년까지 다녔으니까 그 시기까지 말씀 드리겠습니다. 학력에 있어선 정말 비교가 안 됩니다. 옆집 아이는 벌써 교과서를 펴서 술술 읽는데 우리 아이는 '이…것…은…무…엇' 하는 식으로 읽습니다. 한 자씩 떠듬떠듬 읽는 정도일 뿐이죠. 옆집 아이가 한 번에 막힘 없이 줄줄줄 읽는 소리를 들어 보면, 어른이 읽어 준 것을 생각 없이 외워서 읽는 듯한 느낌이 들긴 했습니다.

또 공립 학교 아이들은 1부터 1,000까지의 숫자를 써 오라는 숙제를 하지만, 슈타이너 학교 아이들은 '8'이면 '8'이란 숫자 하나가 숙제입니다. 8이란 숫자는 2와 6으로 가를 수 있고 3과 5로도 가를 수 있지요. 16을 둘로 나눈 결과도 되고 2를 4배한 수도 되지요. 이렇게 여러 가지 경우를 궁리해 그것을 그림으로 표현해 보라는 것이 숙제입니다.

진행자

확실히 다르군요. 이렇게 진행 방식이 다른데 8학년을 마칠 즈음에는 어느 정도 성과가 나타날까요?

고야스

경우에 따라 다릅니다. 아주 다양한 경우가 있거든요. 수학 선생님 아들 이야기를 해 볼까요. 그 아이가 12학년을 졸업하던 때 그 가족과 알게 되었습니다. 아이 아버지가 말하길, 마르틴은 7, 8학년 때까지는 잤다더군요. 수업중에 쿨쿨 잤다는 뜻이 아니라 의식이 잠들어 있었다는 이야기겠죠. 그래서 부모도 교사도 '이 아이는 원래 이런가 보다.'라고 생각했답니다. 대학에 간다는 건 꿈도 꾸지 못한 채로. 무슨 일이나 한 가지라도 익히게 하자는 생각에 악기를 가르치기도 하고 밭일을 시켜 보기도 했습니다.

그런데 아이가 9학년쯤 되어서 갑자기 눈이 뜨였다고 합니다. 그 뒤 마르틴은 뮌헨 대학 의과 대학에 들어갔습니다. 그리고 몇 년 전인가 헤르데케[5]에 인지학 관련 의과 대학이 생겼습니다. 그 대학에 입학하기는 매우 어렵습니다. 첫해에 열 명 남짓 뽑았을 때 천 명 가까이 응시했다고 하니까요…….

진행자

응시한 사람들은 대개 슈타이너 학교 출신이었을 테고

요…….

고야스

꼭 그렇지는 않습니다. 대학은 공립이든 사립이든 모두에게
개방되어 있으므로 전 세계 학생이면 누구나 응시할 수 있
어요.

마르틴은 그 학교에 합격해서 지금은 아마 인턴이 되었을
겁니다. 마르틴 아버지의 말씀이 생각납니다. "만약 그 아이
를 보통 학교에 보냈더라면 분명히 저학년 때 구제 불능이
란 낙인이 찍혔을 겁니다. 그런데 슈타이너 학교를 가서 저
렇게 훌륭하게 자랐죠."

마르틴의 경우는 한 예일 뿐입니다.

헤르데케의
인지학 관련 병원

진행자

슈타이너 학교에는 월반이란 게 있습니까?

고야스

슈타이너 학교에는 월반이 없습니다. 요컨대 성적이 너무 좋다고 월반을 시키는 일은 없습니다. 다만 아주 다른 경우로 한 학년 위로 올라가는 편이 낫다고 판단되는 일은 있지요. 그것은 좀더 종합적인 판단 아래에 이루어집니다. 우등생이 아니라 거꾸로 문제아인 경우인데, 이 아이 때문에 수업이 진행되지 않는다 싶을 때에 교사는 한동안 관찰하다가 종합적인 판단을 내립니다. '이 아이는 또래보다 성장이 조금 빠르다. 한 학년 위로 올려 보내야겠다.'라고 교사가 판단했다면 부모와 상의한 뒤 결정을 합니다. 우리 아이가 문제아였던 시기에도 선생님으로부터 그런 사실을 들었고 제 의사를 묻는 편지도 받았습니다. 저는 지금 반에 그대로 있게 해 달라고 간청했었지요. 아이가 8학년인가 9학년 때의 일입니다.

진행자

혹시 중간에 들어오는 학생이 있는지…….

고야스

있습니다.

진행자

공립 학교에서 온 학생인지…….

고야스

공립 학교에서도 오고 다른 슈타이너 학교에서도 옵니다. 소련에서 망명한 경우, 동독에서 탈출한 경우 등 여러 가지 경우가 있어요.

진행자

적응은 잘합니까? 경우에 따라 다를 것 같은데요.

고야스

경우에 따라 다릅니다. 하지만 아이가 적응을 못했다는 이야기는 들은 적이 없습니다.

진행자

고야스 선생님, 따님이 잠시 귀국한 적이 있지 않습니까. 그래서 독일인 학교에 입학했었다고 하셨죠. 일본 학교는 아니더라도 슈타이너 학교와도 사고 방식이 다른 학교일 텐데. 그런 경우에는 따님이 어떤 반응을 보였는지 궁금합니다. 당황스러워했나요?

고야스

일본에 있을 때 딸아이가 당황했느냐는 말입니까?

진행자

불안스러워하거나 다른 변화는 없었는지…….

고야스

이곳에서 독일인 학교에 갔을 때는 주변 사람들에게는 아주 태평한 아이로 비쳤던가 봅니다.

그리고 1, 2학년이 지나 다시 슈타이너 학교로 돌아갔을 때는 또 조숙하고 이해가 빠른 아이로 비쳐지더군요. 거꾸로 이곳에서 물들어 간 거죠. 그 전에 일본에 막 돌아왔을 당시는 슈타이너 학교의 영향이 아주 선명하게 나타났고요.

진행자

문화 충격이랄까, 그런 것은…….

고야스

네, 그때마다 충격을 받았다고 할 수 있어요. 아주 생생하게.

다만 일본에 있던 4년 동안 슈타이너 학교에서 보낸 2년 동안의 경험이 완전히 사라졌느냐, 하면 그렇지는 않았어요. 부모의 눈에는 그 2년 동안의 흔적이 언뜻언뜻 보이더군요. 하지만 이대로 더 시간이 흐르면 완전히 사라져 버릴 것 같아 슈타이너 학교로 되돌아가게 된 것입니다.

어떤 식으로 흔적이 남아 있었는지에 관한 재미난 일화가 있어요. 그 무렵 뜻밖에도 또 다른 슈타이너 학교에서 전학 온 학생이 한 명 더 있었습니다. 그 애와 우리 딸은 얼마 안 있어 반에서 '두 괴짜' 로 소문이 났죠.

그리고 보니 생각나는군요. 독일인 학교 선생님들 중에 생각이 깬 분이 있으셨어요.

아이들이 하도 '괴짜, 괴짜' 하니까, 왜 그런지 궁금하셨던가 봐요. 아마 이것저것 물어보셨겠죠. 그 선생님은, 한 아이는 뮌헨의 슈타이너 학교에서 왔고 다른 한 아이는 함부르크의 슈타이너 학교에서 왔다는 사실을 알게 되었어요. 다른 아이들은 슈타이너가 뭔지도 모르면서 단지 같은 이름이 나오자 우연의 일치라며 낄낄거리며 웃었다고 합니다. 그러자 그 선생님은 아이들에게 말씀하셨습니다. "너희들도 그렇고 여기 둘도 아직은 잘 모를 거다. 이 아이들이 다닌 학교가 어떤 의미를 갖고 있는지. 그건 나중에야 이 애들에게 나타날 거다."

다시 슈타이너 학교로 돌아와서 가장 당황한 것이 그림이었습니다. 선생님이 분명히 '후미야, 1, 2학년때는 그렇게 잘 그렸잖니. 이런, 그림을 그릴 수 없게 됐구나.'라고 하셨거든요.

진행자

독일인 학교에서는 일반적인 그림을 그렸나 보군요.

고야스

그림 수업은 있었습니다만, 구색을 맞추는 정도였습니다. 그에 비하면 슈타이너 학교에서는 그림 수업이 있다기보다는 모든 수업 시간에 그림을 그립니다.

딸아이는 우선 오자마자 '밭일 배우기' 에포크 수업을 받았습니다. 일본에서도 밭일은 한 번도 한 적이 없었으니 당황스러울 수밖에요. 다른 아이들은 이미 익숙해져 있는데 말이죠. 그런데 아이 딴에는 속으로 '다음은 역사 수업이지, 그건 자신 있어.'라고 생각했던 모양입니다.

그런데 정작 역사 수업 시간에는 선생님이 박물관에 가서 그림을 그리라고 하더래요. 몇 세기 전 여왕의 왕관 같은 걸 말이죠. 후미 생각에는 역사 수업인데 그림이나 그리는 것이 바보 같았나 봐요. 다른 아이들이 그린 그림은 생동감이 있었지만, 후미가 그린 그림은 그렇지 않았습니다. 그런 식으로 본심이 노골적으로 드러난 거죠.

슈타이너 학교 졸업생이라면 아게마스 씨가 많이 알고 있을 테니, 이야기를 들어 보면 어떨까요.

진행자

선생님 책에도 졸업생들이 그야말로 다양한 직업을 갖고 있다고 쓰여 있습니다만……

아게마스

지금 두드러진 현상 속에서 일반 공교육과는 다른 여러 가지 색다른 면이 거론되기는 했습니다만, 모두 그 나름의 이유가 있습니다. 필연적인 이유를 이해하게 된다면 겉보기에 그저 새롭다는 정도를 훨씬 뛰어넘는 깊이를 느낄 수 있을 겁니다.

교육은 예술이다

아게마스

조금 전에 나왔던 마르틴 얘기로 돌아가서 마르틴이 '처음에
는 쿨쿨 잤다'고 했는데 그것은 어떤 의미에서는 당연한 일
입니다. 누구나 어릴 때는 그러니까요. 학교에 가도 정해진
교과서가 있는 것도 아니고 매일 그림만 그리도록 하는 것
에는 필연적인 의미가 있습니다. 특히 초등학교 1, 2학년 아
이들 경우, 지성과 개념을 머리로 가르치는 것이 아니라 배
움 자체를 모두 예술화해야 합니다.

교육 기술이란 말이 있습니다만, 기술과 동일한 어원인 '아
트'에서 비롯된 '예술'이라는 말도 있습니다. '교육 예술'이
란 말이 슈타이너 사상 속에 있습니다. 저학년 아이들에게는
특히 교육이 예술이 되어야 합니다.

'예술적으로 구성된다'는 것은 갑자기 지성에 호소하는 것
이 아니라 아직 깨어나지 않은 의지의 힘과 감정의 힘을 아
이로부터 끌어낸다는 뜻입니다.

각각의 아동의 발달 시기에는 그 시기가 아니면 키울 수
없는 힘이 있습니다. 그러니까 아동의 성장과 발달을 지켜
보면서 각각의 단계에 가장 적합한 교육 방법을 취해야 합

니다.

겉으로 보기에 아이가 그림만 그리는 것 같다 하더라도, 그 시기에 그림을 그리지 않고 더하기·빼기만 하는 아이의 장래는 어떨까요. 발도르프 학교 졸업생 중에는 그런 아이가 없습니다. 각각의 시기에 배워야 할 것을 가장 알맞은 방법으로 가르치자는 것이 바로 슈타이너 사상입니다.

슈타이너가 직접 이야기한 것입니다만, 발도르프 교육은 어떤 결정된 처방전이라든지 교과 과정이 있어서 거기에 꿰맞추는 것이 아닙니다. 아이의 본성을 꿰뚫어 볼 필요가 있습니다. 오직 그것뿐입니다. 아이가 어떤 존재인지를 명확히 판별할 때 각각의 아이에게 어울리는 것을 줄 수 있습니다. 게다가 아이는 점점 성장하므로 각각의 성장 시기에 필요한 것을 주고 제대로 자랄 수 있도록 도와주어야 합니다.

1, 2학년 때에 그림만 그리는 것이 장래의 '입시 체제'나 '점수 지상주의'의 관점으로 보면 굉장히 뒤처지는 것일 수도 있습니다. 그러나 오히려 반대입니다. 그 시기에 자고 있는 것처럼 보이는 의지의 세계에 자극을 주지 않으면, 아이는 장래에 물질 만능주의자로 자랄 수밖에 없습니다.

그러므로 아이들에게 왜 그렇게 해야 하는지를 설명할 때도 깊이 배려해야 합니다. 저는 그 점이 슈타이너 교육의 가장 훌륭한 점이라고 생각합니다.

진행자

지금 각각의 시기라고 하셨는데, 그렇다면 그 시기를 어떻게
나누는지 설명해 주시죠.

아게마스

무슨 이론이 있는 것이 아니라 아이를 잘 관찰하면 알 수 있
습니다. 아이가 태어나서 조금씩 자라고 일곱 살 정도가 되
면 '이갈이'를 합니다. 육체적 특징으로 나타나는 거죠. 그
와 동시에 이갈이는 아동의 내면 세계의 변화를 의미합니다.
거기서 더 자라서 14세 전후가 되면 사춘기를 겪습니다. 그
리고 스스로 자립할 수 있는 시기가 20세에서 21세입니다.
각각의 '자아'가 그때쯤 완성되는 걸로 보는 것이죠.

자연스럽게 아이를 관찰하다 보면 거의 7년 주기로 성장
과 발전을 거듭한다는 것을 알 수 있죠.

육체적 변화뿐만 아니라 영혼의 변화와 정신의 변화도 일
어납니다.

그러므로 좀 전의 원이나 직선 이야기도 이론이나 추상적
인 개념이 아니라 먼저 몸으로써, 의지의 세계로써, 구체적
인 것, 살아 있는 것을 표현하려는 것입니다.

그러니까 '6을 2로 나누면 몇이 되느냐' 하는 계산적인 발
상이 아니라 '여섯은 셋과 셋으로 이루어진다' 하는 것처럼
항상 구체적인 것과 전체적인 것을 함께 배우는 것이죠. 요

컨대 전체를 파악할 수 있는 상태가 중요합니다. 구체적인 것에서부터 전체를 볼 줄 아는 안목이 필요합니다.

장래 건축가를 꿈꾸지 않더라도 집을 짓는 수업 같은 실업 교과를 실시하는 이유도 바로 그 때문입니다.

최종 목표는, 학생 스스로 자립하여 자신이 무엇이 될 건지 결단을 내릴 수 있는 인간으로 자라나도록 하는 것입니다. 어디어디에 직접적으로 도움이 되는 인간을 육성하는 것이 아니라, 학생 스스로 무엇이 될 건지 자유롭게 결정할 수 있는 인간으로 기르자는 것입니다. 이것이 슈타이너 교육이 '자유에 이르는 교육'으로 불리는 이유입니다.

그러면 좀 전 질문에 대한 대답입니다만, 졸업생들이 각양각색의 직업에 종사하는 것도 그들이 실제로 다양하고 자유로운 선택을 할 수 있기 때문입니다. 그것은 역시 각각의 시기에 키워져야 하는 힘을 제대로 길러 준 결과라고 생각합니다.

일본 학교의 현실

진행자

저는 전국 각지의 학교를 가 볼 기회가 자주 있습니다. 일본의 학교 사정은 비교하기 힘들 정도로 제각각이었습니다. 하지만 일본에서도 그런 활동을 해 오신 분이 있습니다.

고야스

공립 학교에서 말입니까?

진행자

공립 학교에서요. 그런데 일본의 경우는 호응을 얻지 못하고 있습니다.

아이의 인식을 기르는 일이 어떤 것인지 경험적으로 알고 있는 선생님들은 아이들에게 시기에 맞는 실습 교육이 필요하다며 노력해 오셨습니다. 그러나 일본 공립 학교에서 그런 사고 방식이 일반적이지는 않습니다. 제가 아는 어떤 학교에서 그런 사고 방식을 가지신 분이 공립 학교의 교장이 되어 매우 참신한 일을 하셨습니다. 고야스 선생님은 알고 계실 텐데요, 사이토 우키하쿠[6] 선생님 말입니다.

고야스

네. 존함과 업적은 익히 들어서 알고 있습니다. 직접 뵌 적은 없어도.

진행자

저는 25년간 사이토 선생님의 일을 지켜보았습니다만, 선생님의 학교는 일반 학교와는 상당히 다릅니다. 선생님 자신은 특별한 일이 아니라고 하십니다만, '이단'으로 비쳐질 때도 더러 있습니다. 일반 사람들은 이해하기 힘들었던 것이죠. 사이토 선생님의 이론을 한마디로 표현하기는 어렵습니다만 결과는 분명합니다. 학급의 아이들이 멋진 합창을 한다는 것입니다. 오이리트미는 아니지만 신체 표현도 훌륭합니다. 안무를 짜 놓고 가르치는 댄스는 일절 하지 않지만, 그럼에도 불구하고 아이들은 매우 자발적인 움직임으로 아름답게 표현해 냈습니다.

그러한 자발적인 무용이 어느 정도 이루어질 때쯤 스텝 같은 것을 도중에 가르칩니다. 보통 학교와는 순서가 다른 셈이죠. 보통 학교는 스텝을 완전히 지도한 다음에 안무를 하고 춤을 추도록 하니까요.

그런데 사이토 선생님의 경우는, 아이가 자신이 표현하고자 하는 것을 자신이 가진 기술로는 더 이상 표현할 수 없게 될 때에야 비로소 새로운 스텝을 가르쳐 줍니다. 그때 아이는 그 기술을 충분히 응용하여 표현해 나가는 것입니다.

안타깝게도 바로 그 점이 설득력을 얻지 못하고 있습니다. 저 학교는 방법론은 없고 결과만 있다고 말하는 사람들이 적지 않습니다. 그러나 방법론이 없는데 결과가 좋게 나올 리 있을까요. 그런데도 비논리적이라는 비판이 끊이질 않습니다.

고야스

방법론이라는 것은 머릿속의 관념이 아닙니다.

진행자

저도 그렇게 생각합니다. 사이토 선생님은 본래 아라라기파[7] 작가로서 문학과 예술에도 관심이 깊은 분입니다. 군마(群馬)의 아라라기 동인으로 모임을 이끌어 오셨으며, 기관지를 내고 신문 위원도 하셨습니다. 예를 들어, 단가(短歌)를 제자에게 가르칠 때는 이론만 가르치는 것이 아닙니다. 실제로 어떤 노래를 외워 와서 읊으면 그것에 관해 가르치는 사람이 어떤 평가를 하느냐에 따라 상대가 변해 갑니다.

배우는 사람이 아무리 이론적으로 무장한다 해도 그것만으로는 좋은 노래가 만들어지지 않습니다. 그런 것이 교육의 세계에도 있는 것 같습니다. 그런데 교육계에서는 사이토 선생님의 방식이 도제 수업 같다는 반응입니다.

고야스

하지만 저는 도제 수업이란 것이 어떤 의미에서는 필요하다고 생각합니다. 학교의 교사는 이론으로만 무장한다고 되는 것이 아닙니다. 지금 생각났는데, 슈타이너 학교의 담임 교사는 밤에 잠들기 전에 한 사람 한 사람의 학생을 눈앞에 생생하게 떠올려 보는 습관을 들인다고 합니다. 저는 그 점에 대단히 감동을 받았습니다. 눈앞에 떠올려서 뭘 하는지는 아무래도 좋습니다. 다만 선명하게 마음속에 그리는 것은 반드시 하도록 되어 있습니다.

선생님이 진짜로 그렇게 한다고 생각하니 부모로서 아주 특별한 느낌이었습니다.

교사가 오늘 어떤 학생을 야단쳤다고 합시다. 그날 밤 야단친 학생을 마음속에서 그려 보고 자신이 한 일에 대해 확신한다면 다음날 교사는 학생에게 사과할 필요가 없습니다. 교사가 정당한 이유로 혼냈다는 것이 명백하다면요. 이러한 행위는 분명히 어떤 변화를 낳습니다. 아이와 교사 사이가 이런 일로 변화를 겪는 과정을 직접 지켜볼 수 있었지요. 나중에 아게마스 씨의 말씀 속에서 매우 중요하게 거론될 것입니다.

진행자

도쿄의 독일인 학교 선생님이 시간이 많이 흐르고 나서야 효과가 나타날 거라고 하셨지요. 따님이나 슈타이너 학교의 졸업생을 보면 정말 그런 생각이 드십니까?

고야스

아직 제 딸에 대해서는 드릴 말씀이 없습니다만, 일반적으로 그들을 '대기만성형'이라고 합니다. 20대 후반이 되어서도 정규직을 구하지 않고 방황하는 듯한 청년을 볼 때마다 사람들은 참 이상하다고 생각하지요. 하지만 그 청년이 '슈타이너 학교 출신'이란 말을 들으면 아아, 하고 고개를 끄덕거립니다. (웃음)

진행자

요즘 모라토리엄이 유행인 듯합니다. 일본에서도 그러한 젊은이가 많은 것 같습니다만.

고야스

모라토리엄이 엄밀히 어떤 사람을 가리키는 것인지 모르겠습니다만, 지금 제가 말씀 드린 사람들의 경우 무기력하다고는 잘라 말할 수 없습니다. 전혀 그렇지 않아요. 넓게 봐서 낙천주의라 할 수 있습니다. 별로 심각하지도 않아요. 적어도 '서른이 되어서 직업도 못 정하고 나는 안 돼.'라는 식의 생각들은 하지 않으니까요.

진행자

아주 중요하다고 여겨집니다. 낙제생 문제는 어떻습니까?

고야스

낙제생요? 학교 안에서요?

진행자

네, 바로 그 얘기입니다.

고야스

독일어에 낙제생을 가리키는 단어가 있기는 합니다만 슈타이너 학교에는 없습니다. 점수에 의한 평가가 없기 때문에 낙제생이란 개념 자체가 없습니다. 다만 아주 담담한 말로 '저 아이는 산수가 특기다'라든가, '이 아이는 수리가 약하다'와 같은 표현은 합니다.

진행자

점수에 의한 평가가 없기 때문에 본인도 낙제생이란 의식은 전혀 없겠군요.

고야스

없습니다.

진행자

일본도 성적표를 만들지 않겠다는 학교가 여러 곳 있습니다만, 마치 무슨 운동처럼 변했습니다.

고야스

운동. 정말 그렇군요.

진행자

굉장한 일처럼 떠들어 대더군요. 이 학교 저 학교에서 우리는 성적표를 만들지 않겠다, 하고 선언하는 등 마치 무슨 운동을 벌이는 것 같습니다.

고야스

운동이 되어 버렸군요.

진행자

하지만 교육 행정가들은 별로 좋아하지 않는 듯합니다.

고야스

조금 벗어나는 이야기지만, 언젠가 옆집 아이를 야단치자는 것이 운동으로 번졌을 때는 정말 깜짝 놀랐습니다. 저런 것도 '운동'을 하는가 해서요.

아게마스

오픈 스쿨이란 것은 또 어떻습니까. 지금 일반적으로 일본 교육계에서 번지고 있던데요.

진행자

그런 시도를 위해 사립 학교 가운데 커다란 교실을 짓는 곳도 있습니다.

아게마스

영국과 미국에서 시작된 듯합니다. 각각의 반에는 다양한 아이들이 각기 다른 발전 단계에 있지 않습니까. 그 아이들을 함께 가르칠 수 없으므로 반의 테두리를 벗어나 같은 수준의 아이들을 모아서 가르치자는 취지입니다. 그러니까 반 단위가 아니라 이른바 반과 반 사이의 교육이 바로 학교 건축에도 반영되고 있는 것입니다. 거기에는 무엇이든 오픈하면 좋다는 잘못된 믿음이 깔려 있습니다. 전부 오픈하는 것이 세련되고 현대적이라는 발상이라고 믿는달까요.

진행자

그런 예가 있습니다. 단순히 화제를 만들려고 대담한 건물을 짓는 학교도 있다고 합니다.

아게마스

그러나 아이의 교육적 측면에서 생각할 때는 오픈하는 것이 좋을 수도 있지만, 오픈하여 잃어버리는 것도 있을 수 있습니다. 집중력이 떨어지는 것도 한 예라 할 수 있지요. 그리고 다양한 발전 단계가 있으므로 한 사람의 교사가 아니라 다른 반 선생님의 도움을 받아 같은 수준의 학생을 분담하여 가르치려는 것은 어떤 의미에서 담임 선생님의 역량 부족이라고도 할 수 있습니다.

진행자

그렇습니다. 다양한 아이들이 함께 있을 때 의미가 있는 것입니다. 수준을 일부러 균일하게 맞춰 가르치기 쉽게끔 하는 것은 기본적으로 잘못됐다고 봅니다.

1) 학습 지도 요령 : 원래는 교육 과정 안내로 편집된 책자이지만 1958년도 개정 이래 문부성은 교육 과정의 기준으로서 법적 규범성을 갖는다고 주장.

2) 수도 방식 : 기본을 잘 가르치면 얼마든지 응용할 수 있다는 주장. 예를 들어 굵은 수도관을 하나 설치하면 다른 작은 세부관은 몇 개라도 더해 나갈 수 있다는 생각이다. 토야마 아키라(遠山啓)가 제안.

3) 호로비츠(Vladimir Horowiz, 1904~1989) : 러시아 태생의 미국 피아니스트. 다이나믹한 연주가 탁월한 연주 기법과 어울려서 현대인에게 강한 인상을 남긴다. 특히 리스트, 차이코프스키, 라흐마니노프 해석에 뛰어나다.

4) 아슈케나지(Vladimir Davidovich Ashkenazy, 1937~) : 러시아의 피아노 연주자. 모스크바 음악원에서 오버린을 배웠다. 1962년 차이코프스키 국제 콩쿠르에서 1위 입상. 현재는 지휘자로 활약하고 있음.

5) 헤르데케 : 독일 노르트라인 베스트팔렌 주의 도시. 최근 여기에 슈타이너 의학 대학과 병원이 생겨 주목받고 있다.

6) 사이토 우키하쿠(齊藤喜博, 1922~1981) : 교육가, 교수학 연구자. 1952년. 군마현 사나미군 시마무라 시마 초등학교 교장에 취임. 학교의 민주화와 수업 실천 발전에 노력, 이 학교를 학교

개혁 운동의 모델로 만들었다. 후에 사카이마치 초등학교와 사
카이 초등학교 교장을 역임했다.

7) 아라라기 : 일본 현대 가단(歌壇)을 대표하는 동인지. 1908년
10월 창간. 현실주의적 입장을 표방하는 작풍으로 일관하고 있
다.

제3장
슈타이너의 인간됨과 생애

뾰족한 포르멘
7학년 남자 아이의 그림
두 선분이 맞닿아 생긴 '각' 을 보고 아이들은 공간 개념을 인식한다.
나무, 교회의 첨탑, 지붕, 농가 등등 다양한 인상을 받는다.

1900년 이전

아게마스

루돌프 슈타이너의 생애와 사람됨과 작품과 업적 등등에 관해 생각해 보면, 역시 그가 태어난 시대 배경과 환경과 같이 슈타이너의 사상이 탄생하게 된 필연적인 '과정'이 있다고 생각합니다.

누구에게나 있는 필연적인 과정이라고 생각합니다만, 슈타이너의 생애는 특히 19세기 후반에서 20세기 전반에 걸쳐 있습니다. 현대에 이르러 다양한 문제가 나타나기 시작하는 시대와 정확히 겹친다는 것이죠.

슈타이너는 1861년에 오스트리아 헝가리 제국의 크랄예벡이라는, 오늘날(1988년) 유고슬라비아 영토에서 태어났습니다(현재는 크로아티아 영토임). 남오스트리아 철도 전신기사의 아들로 태어난 그는 아버지가 각 지방으로 발령될 때마다 여러 곳으로 옮겨다니며 다채로운 소년 시절을 보냈습니다. 특히 노이되르플이라는 곳은 자연 경관이 아름다운 곳입니다. 지난 1969년에 유럽에서 돌아올 당시 빈에 들렀을 때, 슈타이너가 소년 시절을 보냈던 지역인 비너 노이슈타트 주변을 방문한 적이 있습니다. 그때 붉은 석양 속에 잠긴 알프스의 산봉우리들을 올려다보자니, 자연의 위엄이 사뭇 강렬하게 느껴졌습니다.

소년 슈타이너는 다양한 일에 흥미를 가졌습니다. 열한 살 때 빈에서 기차로 한 시간 정도 걸리는 비너 노이슈타트 지역에 있는 실업 학교에 들어갑니다. 자신의 아들을 기술 계통의 대를 잇게 하려는 아버지의 뜻이었지요. 그때부터 철학에 대한 흥미를 느낀 슈타이너는 열네 살 때, 서점에 나온 칸트의 『순수 이성 비판』이 너무나 사고 싶어서 한 푼 두 푼 돈을 모았다가 마침내 구입했지요.

그리고는 그 책을 교과서만 줄줄 읽는 지루한 역사 시간에 교과서 사이에 끼워 넣고 읽었다고 합니다. 책이 너덜너덜해질 때까지 거의 스무 번쯤 읽었다는 에피소드가 전해집니다. 슈타이너가 당시의 신 칸트 학파[1]의 철학적인 정신 풍토에도 영향을 받았다고 여겨집니다.

실업 학교에서 그는 기하학과 제도, 이공계에 많은 관심을 두었습니다만, 그때부터 이미 철학에도 상당한 흥미를 가졌습니다. 그 뒤 대학도 빈 대학이 아니라 빈 공과 대학 자연 과학 분야를 선택해 물리와 화학을 전공했습니다. 그와 동시에 철학을 배웠지요. 그것도 현대 철학 사상의 원류라고도 불리는 프란츠 브렌타노[2] 아래서 배우게 됩니다. 또 독일 문학은 슈뢰어[3] 교수 밑에서 문학가 괴테에 관한 강의를 듣

신비극 《문지방 수호자》의 한 장면

18세 때의 루돌프 슈타이너

사진(위) : 슈비터, 바젤/취리히

1960년대 중부 유럽 지역

습니다.

그러니까 슈타이너는 자연 과학에 관심을 두면서도 철학과 문학에 깊은 흥미를 보였습니다. 특히 괴테 강의를 듣는 가운데 괴테가 시인이자 문학가인 동시에 자연 과학 논문도 썼다는 사실을 알게 되었습니다. 이는 자연 과학자로서 괴테를 발견하는 중요한 만남이었습니다.

그 만남은 슈타이너의 반생을 결정하는 중요한 계기가 되었습니다. 칼 슈뢰어 교수에 의해 능력을 평가받은 그는 요제프 퀴르쉬너[4]판『독일 국민 문학』전집 중 하나인『괴테 자연 과학 논문집』을 편찬할 당시 서문과 해설을 쓰기도 했습니다. 슈타이너가 스물한 살 때의 일입니다.

그것이 슈타이너가 학계에 최초로 드러난 일입니다. 그리고 계속해서 1886년에『괴테 세계관의 인식론 개요』라는 독자적인 논문을 썼습니다. 인식론의 문제를 중점적으로 다룬 것으로 괴테 입장에서 본 인식론이라 해도 좋습니다. 이때가 25세이며, 이것이 최초로 정리된 논문이자 슈타이너 최초의 저작물입니다.

활동 무대가 빈이었으므로 이때를 '빈 시대'라고 부를 수 있지요.

그리고 빈의 괴테 협회에서 '새로운 미학의 아버지 괴테'라는 강연을 했는데, 뒷날 이것도 손질되어 논문으로 나왔습니다.

그 활동이 27, 8세까지 계속됐습니다. 드디어 그때까지의 일을 평가받은 슈타이너는 소피판 『괴테 전집』[5] 편찬 일로 바이마르[6]의 '괴테-실러 문서실'로부터 부름을 받습니다. 29세가 되는 해에 슈타이너는 괴테의 자연 과학 논문집을 편찬하는 동시에 얀 파울[7]과 더불어 쇼펜하우어 편찬 사업에도 관여하게 됩니다.

그 당시 작가 헤르만 그림[8]과 생물학자이자 철학자인 에른스트 헤켈[9]과 작가 가브리엘레 로이터[10] 같은 사람들과도 활발한 교류를 합니다.

정확히 서른 살 때 철학 박사 논문을 쓰는데, 그 논문은 1892년에 『진리와 학문』이라는 제목으로 출간됩니다. 곧 슈타이너가 인식론 철학자로서 출발하는 것이지요.

그런 일련의 활동들을 정리하는 뜻에서 1894년 33세 때에 『자유의 철학』을 집필합니다. 인식론의 문제를 다룬 슈타이너의 대표작이랄 수 있지요. 그의 철학적인 관심은 대학 시절에 이미 브렌타노와 로베르트 침머만[11] 밑에서 철학을 배우는 과정에서 칸트, 헤겔, 피히테, 셸링[12]까지 이어졌습니다. 그때부터 니체의 논문을 읽기 시작합니다. 1895년 34세의 나이에 슈타이너는 『반시대적 투사 프리드리히 니체』라는 논문을 써서 니체를 높이 평가하고, 당대 '인식의 순교자'로서 니체를 기립니다.

그때가 바이마르 시대입니다. 바이마르 시대는 괴테의 자연 과학 논문 편찬과 철학, 특히 인식론의 문제를 추구하던 시대입니다.

이러한 활동은 뒷날 슈타이너 사상에서 매우 중요한 '기초 만들기'라고 할 수 있습니다. 인식론이라면, 오늘날은 전면에 부각되지 않지만, 19세기 말에서 20세기 전반에 걸친 시기에는 큰 주제가 되었습니다. '도대체 인간의 인식이란 무엇인가', '존재를 인식한다는 것은 무엇인가'라는 근본 문제를 탐구하는 것 말입니다. 그것이 자연 과학에서는 눈에 보이는 감각적인 것, 곧 존재를 보고 관찰하고 그것을 분석한 성과를 개념으로 정리하는 일이지만, 슈타이너는 그뿐만 아니라 눈에는 보이지 않아도 실재로서 인식할 수 있다는 것에 대한 방법론도 이 작업을 통해 완성했습니다.

1897년부터는 베를린으로 본거지를 옮긴 슈타이너가 베를린 대학과 자유 문학회, 그리고 자유 연극회와 기오르다노 브루노 연맹[13] 등에서 저술가이자 강연가로서 활약하는 시대가 열립니다.

그 활동은 36세부터 본격적으로 시작됩니다. 독일 작가 프랑크 베데킨트[14]와 파울 쉐어바르트[15], 루드비히 야고보브스키[16] 등과 교류를 하며, 존 헨리 멕케이[17]나 오토 에리히 하르트레벤[18] 등과 더불어 『문학 잡지』[19]를 간행하면서 편집 장도 역임합니다.

그리고 1899년, 38세 때에 빌헬름 리프크네히트[20]가 창설한 노동자 양성 학교[21]에서 역사와 변론 강의를 하며 강사로 근무합니다. 이 학교는 사적 유물론[22]을 가르치는 노동자 양성 학교입니다. 그런데 슈타이너가 독자적인 역사관을 설파하면서 노동자로부터 큰 지지를 얻어 청강생이 점점 늘어났습니다. 학교 측은 그의 강의 내용이 학교 방침과 달라 곤혹스러워하다가 그에게 사퇴를 명합니다. 이것도 슈타이너에게는 중요한 체험이 됩니다. 노동자를 사회주의 사상에서처럼 빵으로 구할 것이 아니라 정신으로 구제할 필요가 있다는 입장에 서게끔 되었으니까요. 그리고 1900년, 슈타이너는 나움부르크로 가서 병상에 누워 있는 니체를 직접 만나서 '니체 문고' 정리에 참여합니다. 니체가 세상을 떠난 해에 추도 강연을 한 일에서도 알 수 있듯이 프리드리히 니체와 슈타이너의 사상적인 관련은 상당했습니다. 또 슈타이너는 『19세기 세계관과 인생관』과 『철학의 수수께끼』라는 최종적으로 집대성된 철학 논문을 저술합니다.

1900년 이후

아게마스

1900년이 하나의 분기점이랄 수 있습니다. 1900년 이후에는 슈타이너가 그 전까지 가슴속에 간직해 온 관심사인 정신 과학이라는 학문을 들고 전면에 나타나게 되니까요. '정신 과학'이라고밖에 달리 옮길 말이 없어 그렇게 번역한 것입니다만. 요컨대 자연 과학에 대한 정신 과학이란 일반적인 분류로, 이공계의 자연 과학에 반해서 인문계를 정신 과학이라 부르는 것입니다. 슈타이너의 정신 과학이란, 정신 자체에 관한 학문입니다. 정신에 관한 문제를 학문의 대상으로 삼고 이를 자연 과학적인 방법으로 학문 체계를 수립하려는 입장입니다. 그러한 관심이 지속적으로 있었으나, 때가 올 때까지 전면에 내비치지 않았다고 할 수 있습니다.

비로소 처음으로 광범위한 인식론을 구축하는 것입니다. 그것은 모든 존재에 대한 인식론이며, 눈에 보이는 것에 대한 인식론인 동시에 눈에 보이지 않는 것에 대한 인식론이기도 합니다. 그러한 일을 1900년까지 합니다. 그 방법을 확립한 1900년 이후에 슈타이너는 자신이 말하는 정신 과학을 조금씩 강의하고 설파하기 시작합니다.

그것이 당시 유럽의 신지학 운동 측으로부터 큰 호응을 얻으면서 강연 의뢰가 몰려들고 점점 세를 넓혀 갔습니다.

조금 긴 제목입니다만, 1901년에 40세에 쓴 『근대 정신 생활의 새벽에 놓인 신비학과 그 현대 세계관과의 관계』라는 논문 이후로 슈타이너는 정신 과학에 관한 저작물을 발표하기 시작합니다.

그 다음해인 1902년에 『신비적 사실로서의 그리스도교와 고대의 비의』라는 논문을 발표합니다. 슈타이너에게 그리스도교 문제는 종교적인 교의의 문제가 아니라, 전통적인 교회에서 그리스도의 본질은 오히려 형체도 없이 사라져 버렸다고 하는 것이었지요. 동시대인인 니체, 도스토예프스키와 비슷한 문제 의식을 갖고 있으면서도 '그리스도의 본질은 무엇일까' 하는 문제를 정면으로 다룬 것입니다.

1902년, 블라바츠키[23] 여사와 애니 베산트[24] 여사의 지도 아래 있던 신지학 협회의 독일 지부 대표를 맡습니다. 그의 문제 의식이 그러한 형태로 지지를 얻고 강연을 해 달라는 초청을 받는 가운데 1904년에 그의 대표작 중에 속하는 『신지학』이 집필됩니다. '초감각적 세계의 인식과 인간 본질로의 안내'라는 부제가 붙어 있습니다. 여기서 '초감각적 세계'라는 말에 위화감을 느낄지도 모르겠습니다만, 결코 모호한 말이 아닙니다.

눈에 보이는 세계가 우리의 오관으로 보고 느끼고 들을 수 있는 세계이며 어디까지나 우리의 감각을 통해 보는 세계인 데 반해, 감정의 세계는 눈에 보이지 않습니다. 물론 어떤 사람의 얼굴이 붉어지면 그것을 통해 뭔가를 추측할 수는 있습니다. 우리의 정신 세계, 우리의 사고의 세계는 눈에 보이지 않는 세계이며, 이것은 초감각적 세계에 속해 있습니다. 감각을 초월한 세계라는 뜻이죠.

우리가 꽃을 보고 꽃이 실제로 존재하는 것이며, 그 사실을 의심하지 않는 것과 마찬가지로, 우리 사고의 실재성, 논리적인 필연성과 사고의 내실 또한 객관적이고 리얼한 실재라고 인정하는 것이며, 이를 포함하여 '초감각적 세계'라고 하는 것입니다. 1904년에서 1905년 사이에는 『고차 세계의 인식으로 가는 길』이라는 아주 중요한 저작물을 남깁니다. 감각적인 것에 대한 인식론인 동시에 감각으로선 잡아낼 수 없는 세계, 말하자면 『신지학』에 전개된 세계를 '어떻게' 인식할 것인가 하는 것에 대한 방법론이자 초감각적인 것을 인식하는 방법론의 문제입니다. 그것은 명상의 문제이기도 합니다.

1907년에는 『정신 과학의 관점에서 본 아동 교육』이라는 저작이 나옵니다. 이것이 슈타이너 최고의 교육론으로 알려진 논문입니다. 내용에 관해서는 나중에 다시 이야기하겠습니다.

실업 학교를 졸업한 그는 집이 가난하여 가정교사를 하며 동급생을 가르쳤습니다. 젊은 시절부터 이미 시작된 교육 체험은 교육에 대한 관심과 일체된 형태를 이루었고 드디어 1907년의 교육론 탄생에 큰 기여를 하게 되었지요.

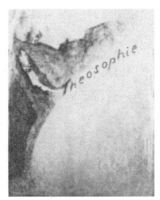

슈타이너가 그린 『신지학』 장정 스케치(루돌프 슈타이너 유고국)

그때부터 슈타이너는 더욱 심도 깊어진 『고차 인식 입문』과 1910년 『신비학 개요』와 같이 정신 과학 분야에서 대표적인 저작물을 발표합니다. 1910년 무렵까지 정신 과학 분야의 저작을 중점적으로 집필했습니다. 그 뒤, 말로 전달하던 정신 과학의 내용을 예술을 통해서도 전달할 수 있다는 관점에서, 그가 직접 쓴 신비극[25] 각본이 1910년부터 1913년에 걸쳐 상연되었지요. 1910년에 〈전수의 문〉이라는 최초의 신비극을 시작으로, 1911년에 〈영혼의 시련〉이라는 극을 씁니다. 1912년에 세 번째 〈문지방의 수호자〉를 썼고 1913년에 〈영혼의 각성〉이라는 신비극을 씁니다.

그렇게 완성한 극을 처음에는 뮌헨의 극장을 빌려 상연했지요. 그러나 기존 극장에서 슈타이너의 극을 상연하는 데는 어려움이 있는 탓에 차라리 고유의 신비극 전용 극장을 만들자는 이야기까지 나옵니다. 처음에는 뮌헨에 세워질 예정이었지만 실현되지는 못했고, 1913년에 스위스 바젤 교외에 위치한 도르나흐에 부지를 얻어 그곳에 짓기로 합니다. 신비극의 주인공 이름이 요하네스 토마지우스라는 데서 착안하여 극장을 '요하네스 건축'으로 불렀습니다만 슈타이너가 '괴테아눔'으로 이름을 바꿉니다.

언뜻 들으면 슈타이너가 괴테의 영향을 많이 받아서 '괴테관(館)'이라는 뜻으로 지은 것 같지요. 그러나 괴테가 문학가인 동시에 자연 과학에 큰 공헌을 남겼으므로 자연 과학자로서 괴테가 남긴 많은 업적, 특히 그의 자연 과학 논문에 실린 「식물 변용론」[26] 집필과 같은 업적을 이제는 예술 분야로 돌려주자는 의도로 '괴테아눔'이라 이름 지은 것입니다. 1913년의 일입니다. 1914년에 제1차 세계 대전이 일어난 것을 뒤늦게 생각하면, 어떤 의미에서는 뮌헨에 짓지 않은 것이 도리어 다행스러운 일이기도 합니다. 뮌헨에 세워졌더라면 금방 건물이 다 타 버렸거나 건물을 짓는 일 자체가 불가능했을 테니까요. 실제로 스위스에서도 근처 알자스 로렌 국경 너머로 대포 소리가 들려오는 가운데 괴테아눔 건설이 진행되었습니다.

슈타이너는 건축 설계와 인테리어 디자인도 직접 했습니

다. 건축물이 신비극을 상연하는 극장인 동시에 정신 과학 자유 대학[27]이었기 때문입니다.

건축물일 뿐만 아니라 종합 예술 작품이어야 한다는 생각에서 조각도 천장화도 직접 완성했습니다.

1911, 12년 무렵에는 나중에 그의 아내가 되는 마리 폰 지퍼스와 공동 작업으로 '언어 조형'[28]과 오이리트미가 탄생하며 신비극이 시작되고, 건축, 조각, 회화, 일러스트에 이르기까지 예술의 모든 영역으로 활동 범위를 확장해 나갑니다.

제1차 대전 후

아게마스

1919년에 제1차 세계 대전이 끝납니다만, 1918년 킬 군항의 수병의 봉기를 시발로 대전의 종결을 사회주의로 맞이하려는 긴박한 사회 상황이 전개됩니다. 슈타이너는 그에 대해 '독일 국민 및 문화 세계에 고함!' 이라는 호소 아래 『사회 문제 핵심』이라는 저작을 내놓고 사회 유기체 삼지적 구조 운동을 확산시켜 나갑니다.

제1차 세계 대전이 일어난 원인은 어디에 있는가. 그것은 사회 문제의 본질에 접근하는 방법이 잘못된 까닭이며 그것을 바르게 파악할 필요가 있다고 부르짖었죠. 이것도 뒤에 다시 거론하겠습니다만. 인간의 문화 생활 또는 법적, 정치적인 영역은 평등의 원리가 지배해야 한다는 '사회 유기체의 삼지적 구조 운동'이 바야흐로 남부 독일을 중심으로 시작됩니다.

그 일환으로, 정신 생활의 자유란 국가와 경제로부터의 자유라고 했습니다. 이 같은 근본적인 사회 운동 속에서 최초의 발도르프 학교가 탄생합니다. 정신적으로 자유로운 생활을 기반으로, 교육이란 매우 중요하며 학교가 국가의 의도나 재계의 의도 아래에서 아이들을 가르쳐서는 안 된다는 신념 아래 세워졌습니다. 어디까지나 아동을 위한 교육으로서 오로지 아이의 개성을 길러 내기 위한 자유로운 교육이 목표입니다. 그러한 사회 운동이 진행되는 가운데 우연히 발도르프 아스토리아 담배 회사의 사장 에밀 몰트가 슈타이너에게 조언을 구했습니다. 노동자를 위한 학교를 짓고 싶은데 어떻게 하면 좋겠느냐는 질문에 슈타이너가 대답하는 과정에서 발도르프 학교가 탄생하게 되었습니다.

그와 동시에 괴테아눔 건축도 완성되어 괴테아눔 정신 과학 자유 대학으로서 문을 열게 되지요. 슈타이너의 사상을 '인지학'이라 부릅니다만, 그것은 모든 영역으로 전개되어 나갑니다. 사회론 또는 교육론이 숙성하여 발도르프 교육 운동이 탄생하는 동시에 농학 강의를 통해 유기 농법이 확산되어 갑니다. 또 의학 강의를 통해 정신 과학적인 치료 의학이 확산됩니다. 그가 말하는 초감각적 세계 인식이라고 하면, 현실과 동떨어져 보입니다만, 결코 모호한 개념이 아닙니다. 그것은 인간의 사고와 감정과 의지를 지탱하는 실재(實在)이면서도 초감각적인 존재이며, 단순히 정신 세계의 문제가 아니라 현실 세계에 침투하여 모든 분야로 확장되는 사실을 의미합니다.

그리하여 1919년부터 발도르프 학교 운동이 시작되고

1922년에는 유기 농법과 그리스도인 공동체 운동이 시작됩니다. 교회 목사들이 새로운 종교 의식(儀式)을 구하는 형태에서 비롯된 운동입니다만, 그 밖에도 의학을 포함한 모든 영역에 스며들어 갔습니다. 1919년 이후 만년에 이르러 그의 사상이 실제 사회에 스며들어 갔던 것이죠. 그런데 안타깝게도 1922년 그믐날에 목조 건물인 제1 괴테아눔이 방화로 모조리 불타 소실되고 말았습니다. 그래도 그의 강연 활동은 멈추는 일 없이 타다 남은 강의실에서 계속되었습니다. 1년 뒤에 괴테아눔을 재건합니다.

조금 거슬러 올라갑니다만 1913년부터 슈타이너는 신지학 협회로부터 떨어져 나와 인지학 협회를 창설하여 독자적인 활동을 시작했습니다. 괴테아눔이 전소되고 재건될 당시에 그것은 인지학 협회 재건이라는 의미도 있어서 이번에는 슈타이너가 직접 주관하여 괴테아눔 건물을 콘크리트로 다시 짓습니다. 직접 모형을 만들어 본 뒤 1924년부터 제1 괴테아눔의 테라스를 해체하고 제2 괴테아눔을 짓기 시작합니다.

그런데 1924년 9월 말 영국 강연을 마치고 돌아온 뒤 슈타이너는 병상에 눕게 됩니다. 그 이후 강연은 더 이상 할 수 없었으나 병상에서 『내 인생의 발자취』와 『인지학의 주지』, 『정신 과학적 인식에 따른 의학의 확대를 위한 기초』를 집필합니다. 그리고 1925년 3월 30일에 도르나호의 작업실

왼쪽 위 : 루돌프 슈타이너
　　　　（1923년）

오른쪽 위 : 마리 폰 지퍼스
　　　　（나중에 슈타이너 부
　　　　인이 됨）

오른쪽 : 슈투트가르트에 최초로
　　　　문을 연 발도르프 학교

사진 왼쪽 위, 오른쪽 위
O. 리트만 스튜디오

에서 눈을 감지요. 제2 괴테아눔의 기초 공사가 막 시작되던 때였는데, 이 공사는 계속 진행되어 1928년에 드디어 완성됩니다.

이상이 대강 말씀 드린 슈타이너의 생애입니다.

슈타이너 사상의 형성 과정

고야스

아게마스 씨의 말씀을 죽 듣고 있자니, 슈타이너의 생애가 마치 한 그루의 큰 나무처럼 느껴지는군요. 뿌리를 내리고 쑥쑥 자라나 줄기에서 가지가 뻗어 꽃이 피고 열매를 맺는 모습이 생생하게 재현되는 듯합니다. 일본에서 슈타이너가 화제가 될 때는 '아, 그 사람, 학교 세운 사람이지' 하며 교육이라는 분야에 한해서만 논의합니다. 그리고 '슈타이너 학교는 몇 년도에 설립되었나', '어디에 어느 정도 규모로 세워졌나' 하는 사항들이 먼저 거론되지요. 아니면 학교를 먼저 보고 그 특징이 화제가 되면 그때서야 '창립자가 누구다.'라는 식으로 슈타이너의 이름을 떠올리는 실정입니다.

한편 슈타이너의 사상이 한마디로 신비주의 사상이라고 한정하며 신비주의 사상의 계열 속에서만 파악하는 경향도 있습니다. 최근에는 유기 농업과 자연식 운동을 하는 사람들이, 독일의 녹색당[29]이 슈타이너와 관계 있다는 말을 들은 뒤에는 또 그 방면에 한해서만 슈타이너를 파악하는 경향이 생겼더군요. 이와 같이 일본에서는 슈타이너의 전체 상을 지금처럼 큰 나무로 바라보는 시각이 부족합니다.

슈타이너 학교는 1919년에 완성되었습니다. 슈타이너가 1861년에 태어났으니까 그가 쉰여덟 살이 되는 해로군요.

슈타이너는 그로부터 6년 뒤인 예순네 살에 생애를 마칩니다. 결과적으로 보면 거의 만년에 이르러 학교를 세운 셈입니다.

64년 동안의 생애에서 의식적이든 무의식적이든 58년간의 준비를 거쳐서 만들어진 학교라는 말입니다. 슈타이너는 대체로 1900년까지는 그 당시의 학문 풍조에 역행하지 않는 자연 과학과 철학과 문학을 연구하고 그에 관련한 저술 활동도 꾸준히 했지요. 그런데 1900년부터 난데없이 정신 과학이라는 학문을 정면으로 들고 세상에 나옵니다.

말하자면 1900년 이전에도 그 토대를 꾸준히 연구해 왔기 때문에 이후 10년 동안 정신 과학의 뿌리를 그만큼 확고하게 다질 수 있었다고 봅니다. 1910년 무렵부터는 예술 활동을 활발히 전개하지요. 그러면서 전쟁이라는 한 시대를 보냈고 전쟁이 끝나자마자 이번에는 사회론과 교육이라는, 보다 넓은 일반적 사회 실천의 형태로 그의 사상을 구체화시킵니다.

죽음에 이르러서도 더욱 완숙해진 정신 과학을 사람들에게 전달하는 한편 농업과 의학이라는 실용학을 전개하고 실천했습니다. 아게마스 씨를 통해 그의 역동적인 생애를 들으니 다시 한 번 혀를 내두르지 않을 수 없습니다.

진행자

당시의 대표적인 사상가나 과학자들과도 상당한 교류가 있었을 텐데요.

아게마스

당시 교류하던 사람들 가운데에 철학자로는 에듀아르트 폰 하르트만[30], 대학 교수로는 로베르트 침머만과 프란츠 브렌타노가 있었습니다. 브렌타노의 동생 에드문트 후설은 형의 가르침을 받아 인간의 의식이 가진 지향성을 이끌어 내어 현상학을 완성합니다. 그것이 하이데거에게 전해지고 사르트르와 메를로퐁티에게 전해집니다.

슈타이너는 브렌타노의 강의를 듣고 마찬가지로 인간의 의식이 가진 지향성의 문제에 관해 저술하는데 그가 오히려 진정한 의미에서 '살아 있는 현상학'의 길을 걸었다고 생각합니다.

왜냐하면 특히 괴테의 세계관을 보면 괴테의 입장은 어떤 대상에 대해 처음부터 선험적인 비판을 가하는 것이 아니라, 어디까지나 대상 자체에게 말을 시키는 것입니다. 그러므로 미리 판단하지 않고 오로지 현상에 입각해 논의한다는 점에서 현상학의 방향과 겹칩니다.

동시대인과 교류라면 니체와 만난 일이 단연 돋보입니다.

고야스

화가들도 그의 강연을 자주 듣게 되면서 꽤 영향을 받았지요. 칸딘스키 같은 경우 말입니다.

제가 지금 깊은 관심을 갖고 있는 작가인 미카엘 엔데[31]도 슈타이너에게 영향을 받았습니다만, 그의 아버지 에드가 엔데[32]도 슈타이너에게 매혹당한 화가에 속해요. 아들의 이야기로는, 에드가 엔데가 직접 슈타이너와 만난 적은 없다고 했어요. 하지만 슈타이너의 강연과 강의, 그것도 비공개 강의를 들은 사람들의 노트며 메모가 당시의 예술가들 사이에서 탐독 대상이었다는군요. 미카엘은 그 노트를 탐독하던 아버지의 모습을 회상하곤 했습니다.

아게마스

1910년, 11년, 12년은 슈타이너가 뮌헨에서 신비극을 쓰고 강연을 하고 다양한 활동을 하던 시기였지요. 화가로서는 칸딘스키가 가장 흥미 있게 슈타이너의 강연을 들었습니다. 식스텐 링봄이라는 핀란드 학자가 쓴 『사운딩 코스모스』라는 책 속에서 칸딘스키가 슈타이너의 '신지학' 사상에 얼마나 깊이 몰입했던가 잘 나타나 있습니다. 이 책에 육체는 1번, 에테르 체는 2번, 아스트랄 체는 3번이라고 번호를 매기고 밑줄을 그어 가면서 슈타이너의 책을 읽었다는 실증적인 연구가 있습니다.

미카엘 엔데 씨와 일본 슈타이너 하우스에서(1986년 8월)

또 같은 시대에 활동했던 추상 계열의 화가 파울 클레도 슈타이너 사상에 꽤 흥미를 가졌습니다. 당시 예술가들에게 슈타이너는 이처럼 큰 영향을 끼쳤습니다. 카프카는 일부러 슈타이너를 방문하여 인생에 대한 조언을 구하기도 했습니다.

고야스

맞아요. 카프카의 일기장에 그 일이 실려 있습니다. 약 30년 전 대학원생 시절에 알게 되었죠. 카프카의 일기를 번역했던 교수님이 저에게 초벌 번역을 부탁하셔서 상당히 고전한 적이 있습니다. 그 당시는 슈타이너의 이름도 모른 채였으니까요. 슈타이너를 알고 나서 그 책을 다시 들추어 보니 카프카가 슈타이너를 만났다는 사실이 확실히 있는 게 아닙니까. 카프카가 베를린에서 슈타이너의 강연을 들은 것은 1911년

3월 26일의 일이었습니다. 강연자의 수사법에 무척 감동받았다고까지 적혀 있었지요. 그리고 이틀 뒤에는 슈타이너의 집을 찾아갑니다. 그 당시의 일을 카프카는 일기에 상당히 자세하게 써 놓았더군요. 특히 '신지학을 과학과 일치시키는 과제를 완수한 사람은 슈타이너뿐이다.'라고 결론을 맺었습니다.

아게마스

작가 스테판 츠바이크[33]도 있죠.

고야스

시인인 크리스티안 모르겐슈테른[34]도 빼놓을 수 없지요. 그의 시는 슈타이너 학교 아이들에게 지금도 널리 읽히고 있습니다.

표현주의 여류 시인인 엘제 라스커 슐러[35]가 있습니다. 개인적으로 좋아하는 시인이기도 한데, 그녀도 슈타이너가 참여하는 문학 서클에 드나들었죠. 라스커 슐러는 자기 파멸형의 사람이었습니다. 슈타이너가 베를린 문학 서클에 드나들던 때의 일은, 아게마스 씨도 거론하셨습니다만, 꽤 재미있습니다. 당시의 일이 실은 지금의 서독에서 나오는 〈인포 3〉[36]라는 월간 신문에 연재되고 있습니다. '세기의 전환기에서 루돌프 슈타이너와 동시대인들'이라는 제목으로 금세기 초의 시인, 문학가, 정치 운동가 등의 생애를 매회 한 사람씩 중점적으로 다루었지요. 금방 이야기한 라스커 쉴러 이외에도 혁명가 에리히 뮤잠[37], 시인이며 저널리스트인 오토 에리히 하르트레벤, 반유대주의에 대항해 싸운 문학가 루드비히 야고보브스키, 아나키즘 예술가 존 헨리 멕케이 등등이 다루어지지요. 그 사람들과 슈타이너의 관계가 직접, 간접적으로 그려지고 있는데, 글의 초점이 다른 예술가들에게 맞춰져 있으므로 슈타이너의 모습은 그 틈에 숨겨져 있어요……. 오히려 그 점이 상상력을 복돋워 한결 재미있습니다. 여하튼 그 '베를린 서클'에 출입하는 사람들은 다채로운 편이었으나 전체적으로 가벼운 듯한 보헤미안의 분위기가 짙었습니다. 이런 무대와 관계없이 순수하게 슈타이너의 저작물을 읽고 그 사상을 좇다 보면, 슈타이너가 질척질척한 인간의 정념과 데카당스한 분위기와는 전혀 무관하다는 것을 느낄 수 있습니다.

그런데 베를린 문학 서클은 항상 강렬한 인간의 체취로 가득 차 있었습니다. 서로 다른 의견을 내세우는 바람에 입씨름도 많이 하고, 누군가가 전위적인 시를 읊을라치면 어디선가 "그만둬!" 하는 고함도 터져 나옵니다. 그럴 때 슈타이너 박사가 사람들을 달래는 정경, 특히 과격한 사람에 대해서도 항상 깊은 이해심과 온화한 눈으로 바라보는 모습이 그려집니다. 슈타이너는 극빈, 노숙, 알코올 중독 생활에 젖어 버려 사나워진 예술가의 이야기도 가만히 들어줍니다. 포용력 있는 사람이라고 여겨집니다.

진행자

신비극을 실제로 상연했을 때 무대에 선 사람들은 주로 어떤 사람들이었습니까?

아게마스

마리 슈타이너 부인 밑에서 언어 조형을 배우던 사람들과 슈타이너의 사상에 공감하는 사람들이 신비극의 역할을 맡았습니다.

진행자

슈타이너의 생애 가운데 결혼 이야기는 빠진 것 같군요. 마리 슈타이너는 어떤 사람이었나요?

고야스

신지학 협회에서 최초로 함께한 동료입니다.

아게마스

맞습니다. 마리 슈타이너는 낭독가로서 언어 조형과 연극을 전문으로 하던 사람입니다.

고야스

정신 과학을 지향했다는 점에서 뭔가 통했다고 할 수 있죠.

진행자

고야스 선생님의 보충 설명을 듣고 싶습니다. 큰 나무가 되어 가지를 뻗었다고 했는데, 그 가지라 함은 보통 한 사람의 몫이지 않습니까? 모든 방면에 걸쳐 있다고 하니 선뜻 상상이 가질 않는군요.

고야스

네. 아주 대단한 위인입니다. 사람일까 싶은 생각이 들 정도였거든요. 슈타이너의 책과 논문들을 읽고 있노라면 그 양과 광대함에 놀라니까요.

아게마스

우리는 그 다양함과 어마어마함에 놀라지만 어쩌면 슈타이너에게 있어서는 단순한 일이었는지도 모릅니다. 1900년까지는 사상적인 배경을 싹 틔우는 시기였고 1900년부터 1910년까지 인지학 사상이 구축된 시기입니다. 후에 그것이 원천이 되어 샘에서 물이 솟듯이 솟아올라 모든 영역으로 흘러간 것이죠.

고야스

정말이지, 사회의 다양한 분야에 개혁의 손길을 내민 그의 노년기는 그저 위대할 따름입니다.

생각해 보면 1900년까지의 공부가 굉장한 힘의 원천이 되었어요. 분명히 그것이 뿌리입니다.

아게마스

근원이죠.

진행자

슈타이너는 자신의 생애를 미리 내다보았을까요, 아니면 하다 보니 결과적으로 그렇게 된 것일까요. 궁금합니다.

아게마스

충분히 내다보았으리라 짐작합니다. 왜냐하면 1900년 이전에는 정신 과학 관련 저작물을 의도적으로 출간하지 않았으니까요.

고야스

진중함과 자신감의 표현이 아닐까요.

아게마스

자신이 정말로 하고 싶은 말을 당대 최고의 지성에 호소하려면 준비가 철저해야 된다고 생각했겠지요. 그 때문에 어중간한 형태로는 발표를 하지 않았어요. 철학의 인식론을 탄탄하게 구축한 뒤에야 그것을 기초로 활동을 전개하는 방법을 택한 것입니다.

그러므로 다소 모호한 신비주의와 초자연적인 사상가와는 본질이 전혀 다른 슈타이너만의 독자적인 출발을 한 셈입니다.

고야스

언뜻 신비주의 사상으로도 보이는 그의 책을 읽다 보면, 자신의 사상이 모호한 초자연적인 심령술과는 다르다고 강조하고 있음을 알 수 있습니다. 명석한 사고를 통해 거듭 주장하고 있으며, 강연 기록 속에서도 그가 직접 여러 차례에 걸쳐 강조한 사실입니다.

주

1) 신 칸트 학파 : 19세기 후반부터 독일을 중심으로 일어난 칸트 비판 철학 부흥 운동.

2) 프란츠 브렌타노(Franz Brentano, 1838~1917) : 독일의 철학자, 심리학자. 기술 심리학을 철학의 기초로 하고, 후설에게 영향을 줌. 주요 저서 『경험적 입장에서의 심리학』 등이 있다.

3) 칼 율리우스 슈뢰어(Karl Julius Schroer, 1825~1900) : 빈 공과 대학 문학사 교수. 교육학자, 언어학자, 괴테 연구자. 1880년대 슈타이너의 스승.

4) 요제프 퀴르쉬너(Joseph Kürschner, 1853~1902) : 문필가. 잡지 『독일 문예 칼렌더』를 발행.

5) 소피판 『괴테 전집』 : 1887~1919년 133권의 괴테 전집. 역사 비판적 전집으로, 이를 후원한 작센 바이마르의 칼 아우구스트 대공 부인 소피 루이제의 이름을 따서 지었다.

6) 바이마르 : 구 동독에 있는 도시. 독일 고전 문학의 메카로 국

립 괴테 박물관, 실러관 등이 있다.

7) 얀 파울(Jean Paul, 1763~1825) : 독일의 소설가. 본명은 요한 파울 프리드리히 리히터. 무한의 세계에서 동경과 현실적인 일상 생활과의 분열상을 주로 다루었음. 대표작으로는 『거인』, 『퀴투스 픽슬라인의 생애』 등이 있다.

8) 헤르만 그림(Hermann Friedrich Grimm, 1828~1901) : 독일의 미술사가이자 문학사가. 빌헬름 그림의 장남. 고전주의적 괴테상을 확립했다.

9) 에른스트 헤켈(Ernst Heinrich Haekel, 1834~1919) : 독일의 생물학자, 철학자. 진화 사상 보급에 노력하여 저서 『일반 형태학』에서 '개체 발생은 계통 발생을 반복한다'는 생물 발생 법칙을 제창함.

10) 가브리엘레 로이터(Gabriele Reuter, 1859~1941) : 여성 해방 운동에 영향을 받은 독일의 여류 작가. 저서로는 『독일 문학, 언어, 문화 속에서 본 좋은 가족』 등이 있다.

11) 로베르트 침머만(Robert von Zimmerman, 1824~1898) : 오스트리아의 철학자, 미학자. 프라하 대학, 빈 대학 교수.

12) 셸링(Friedrich Wilhelm Joseph von Schelling, 1775~1854) : 독일의 철학자. 칸트, 피히테를 이어 헤겔로 건너가는 독일 관념론의 대표자 가운데 한 사람. 저서로는 『나의 철학 대계』, 『인간적 자유의 본질』 등이 있다.

13) 기오르다노 부르노 연맹 : 부르노 뷔레를 중심으로 한 '통일적 세계관'을 위한 서클.

14) 프랑크 베데킨트(Frank Wedekind, 1864~1918) : 독일의 극
작가. 자연주의의 최전성기에 등장했으면서도 자연주의와는 대
조적인 작품을 고수, 표현주의의 선구를 이루었음. 주요 작품으
로는 『사춘기』, 『판도라의 상자』 등이 있다.

15) 파울 쉐어바르트(Paul Scheerbarth, 1863~1915) : 『유리 건
축』 1914년. 『레자벤디오』 1913년.

16) 루드비히 야고보브스키(1868~1900) : 작가. 『유대인 부르터』,
『로키, 어느 신의 이야기』 등의 작품을 남김. '코멘덴(오고 있는
자들)' 그룹의 창시자.

17) 존 헨리 멕케이(John Henry MacKay, 1864~1933) : 막스 슈
티루나의 연구자. 소설 『아나키스트 : 19세기 말엽에 즈음한 문
명의 초상』의 저자.

18) 오토 에리히 하르트레벤(Otto Erich Hartleben, 1864~1905) :
독일 자연주의 극작가. 당시 사회의 소시민적 속물성을 기지와
아이러니로 비판한 희곡을 썼다. 시, 소설은 감상적, 탐닉적 경
향이 강하다.

19) 『문학 잡지』 : 1832년 창간된 '자유 문학회' 기관지로 1897년
에는 슈타이너가 편집장을 맡았다.

20) 빌헬름 리프크네히트(Wilhelm Liebknecht, 1826~1900) : 독
일 혁명 정치가. 마르크스 정통파. 독일 노동 운동의 개척자이
며 발전의 촉진자이다.

21) 노동자 양성 학교 : 빌헬름 리프크네히트에 의해 베를린에 창
설됨. 프롤레타리아를 위한 학교이며, 슈타이너는 1898년부터

1905년까지 강사로 근무했다.

22) 사적 유물론 : 마르크스주의의 역사관. 사회의 역사적 발전의 원동력은 물질적 생산력이며, 그 발전 단계에 맞춰 먼저 경제적 구조가 다음은 법률적 · 정치적 상부 구조가, 마지막으로 종교 · 예술 · 학문 등의 의식 형태가 변화한다고 주장한다.

23) 블라바츠키(Helene Petrowna Blavatsky, 1831~1891) : 러시아의 여류 신지학자. 헨리 올코트와 함께 뉴욕 신지학 협회를 창설함.

24) 애니 베산트(Annie Besant, 1847~1933) : 영국의 여류 신지학자. 1909년에 신지학 협회의 회장이 된다.

25) 신비극 : 15, 6세기 프랑스에서 일어난 대규모 종교극. 성서를 소재로 하여 그리스도의 생애, 특히 그 수난을 극화하여 상연하였음.

26) 「식물 변용론」 : 괴테의 자연 과학 논문에 실린 저술. 생물의 기원과 변천 과정에 관한 연구. 식물의 현상 연구를 통해 '자연의 마음'을 탐구했다. 이 저술의 서문에서 루돌프 슈타이너는 말했다. "식물 변용론은, 꽃잎, 꽃받침 같은 기관에서 일어남직한 사실을 발견해 내기보다 여러 가지 영향이 얽히고설켜 있는, 살아 있는 생성 규칙에 관한 사고 체계라는 점에서 의의가 있다."

27) 정신 과학 자유 대학 : 1920년 루돌프 슈타이너에 의해 도르나흐의 괴테아눔에 창설되었다.

28) 언어 조형 : 마리 슈타이너 부인에 의해 탄생된 언어를 조형

하는 새로운 예술 형식.

29) 녹색당 : 젊은 층과 지식층을 중심으로 군확 반대, 대기업 활동 규제, 노동 환경의 개선, 관리 사회화에 따른 인간 소외 고발 등의 문제를 다루는 독일의 한 정당.

30) 에듀아르트 폰 하르트만(Eduart von Hartmann, 1842~1906) : 독일의 철학자. 무의식론자로부터 생기는 세계를 결여의 세계로, 현실의 행복을 환상으로 부정하고 다른 방향에서 진화론적인 세계의 완결을 믿었다.

31) 미카엘 엔데(Michael Ende, 1929~) : 화가 에드가 엔데의 아들로, 현대 독일을 대표하는 작가 가운데 슈타이너의 사상에 가장 정통하다. 주요 작품으로 『모모』, 『끝없는 이야기』, 『거울 속의 거울』 등이 있음.

32) 에드가 엔데(Edgar Ende, 1901~1965) : 독일 초현실주의 화가로 분류되지만 생전에 나치의 탄압으로 정당한 평가를 받지 못하다가 최근에 들어서야 재평가됨. '정신 세계 화가'로 불린다.

33) 스테판 츠바이크(Stefan Zweig, 1881~1942) : 오스트리아의 소설가. 프로이드의 영향을 받아 집필한 다수의 심리 소설이 있으나 본령은 인간 통찰에 뛰어난 전기 문학과 유럽의 지식인들과의 교류에 따른 평론이다.

34) 크리스티안 모르겐슈테른(Christan Morgenstern, 1871~1914) : 독일 시인. 초기 시집 『교수대의 노래』 등에서 반어적인 자세로 신랄한 시대 풍자를 보여 주었다. 만년에는 슈타이너의 인지

학에 심취했다.

35) 엘제 라스커 슐러(Else Lasker-Schueler, 1869~1945) : 유대
인 여류 시인으로, 당시 서독 표현주의 문학의 대표자. 시집으로
『나의 기적』, 『유대인의 노래』, 『나의 푸른 피아노』 등이 있다.

36) <인포 3>(Info 3) : 인지학 관계 정기 간행물 가운데서도 현
대 사회의 첨단적인 문제를 둘러싼 의식을 전면에 내세운 젊은
취향의 월간 신문.

37) 에리히 뮤잠(Erich Mühsam, 1878~1934) : 시인이자 작가인
동시에 무정부주의적 혁명 운동가. 최후에는 관헌의 고문에 의
해 옥사한다.

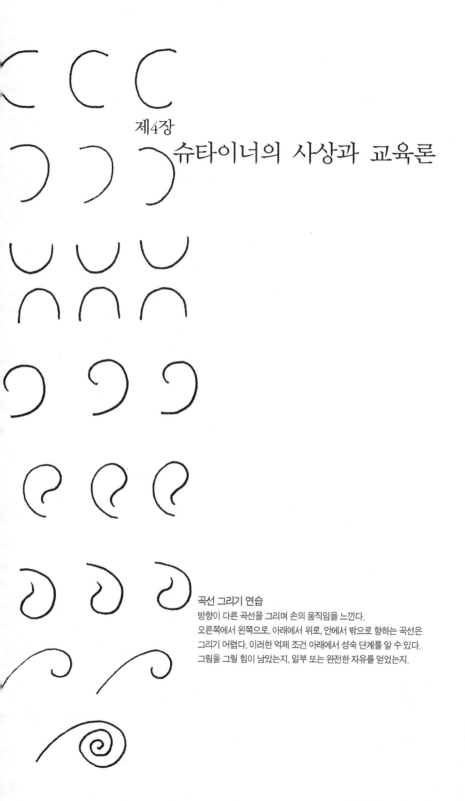

제4장
슈타이너의 사상과 교육론

곡선 그리기 연습
방향이 다른 곡선을 그리며 손의 움직임을 느낀다.
오른쪽에서 왼쪽으로, 아래에서 위로, 안에서 밖으로 향하는 곡선은
그리기 어렵다. 이러한 억제 조건 아래에서 성숙 단계를 알 수 있다.
그림을 그릴 힘이 남았는지, 일부 또는 완전한 자유를 얻었는지.

인간의 본질

진행자

슈타이너의 근본 사상을 조금 쉽게 풀어 설명해 주시겠습니까?

고야스

그럼 신지학 이야기부터 할까요. 어디부터 시작하면 좋을까……. 아, 인간은 삼지적 구조를 갖고 있습니다. 첫 번째는 눈에 보이는 우리의 몸, 독일어로 라이브(Leib)라고 합니다. 신체 또는 육체라고 하는 물리적인 몸을 말합니다.

다음은, 독일어로는 젤레(Seele)라고 하는 '영혼'을 가지고 있습니다. 흔히 우리가 마음이라고 알고 있는 것과 일치합니다. 영혼으로서의 인간.

마지막이 가이스트(Geist). 앞에서 정신 과학이라는 말로 자주 쓰였던 그 '정신'입니다. 이 가이스트를 번역하기가 어려워서, 정신이라고 쓰고 괄호 안에 가이스트라고 써 넣죠. 왜 어려운가 하면, 슈타이너가 젤레와 가이스트를 분명히 구분해 썼다는 점을 염두에 둘 필요가 있기 때문입니다.

그러나 일본어에서는 혼이나 정신, 마음 같은 말들이 슈타이너가 하듯이 구별되어 쓰이지 않습니다. 사전에도 모호하게 설명되어 있으니까요. 슈타이너가 말하는 가이스트라고 하는 정신과 젤레라고 하는 영혼은 엄연히 다릅니다.

정신은 어디까지나 객관적인 실재이고 영혼은 인간의 반감과 공감을 기초로 하는, 주관적이거나 감정적인 요소로 이루어진 세계입니다.

또 하나 육체. 누구나 그 실재를 부정하지 않는, 가장 이해하기 쉬운 의미로서 인간의 몸입니다. 그것은 현대의 자연과학과 생물학에서 해명되는 대상으로서의 육체와 일치합니다. 슈타이너는 물리적인 공간의 다양한 법칙에 좌우되는 신체 세계 속에서 존재하는 인간의 존재 방식, 영혼의 세계 속에서 존재하는 존재 방식, 그리고 정신 세계 속에 존재하는 존재 방식을 각각 자세하게 몇 단계에 걸쳐 설명하고 있습니다.

그것을 기초로 '인간은 몸만이 아니며 세 가지의 세계에 속해 있다'고 하는 이 사실을 모두 자각한 뒤 자신을 돌아보고 인간 관계를 구축하자는 것은, 신지학 인식에서 출발하여 슈타이너가 주창하는 인지학의 생존 방식과도 이어집니다. 아게마스 씨 우선 삼지적 구조의 성립에 대해 좀더 자세히 설명해 주시죠.

아게마스

'인간이란 무엇인가' 하는 문제라고 생각합니다. 인간을 어떻게 파악할 것인가 하는 문제로, 이는 교육 분야에서도 근본적인 물음입니다. 교육뿐만 아니라 모든 분야에서 '인간이란 무엇인가' 하는 소박한 물음은 근본적인 문제라고 생각합니다. 그 대답을 여러 가지로 탐구하는 것이 인간학이며, 다양한 사람들이 이미 그에 대해 다양한 정의를 내리고 있습니다. '인간이란 육체와 영혼을 지닌 존재'라든지 '인간은 생각하는 갈대'라든지 등등. 여기에 슈타이너는 '인간은 육체를 가졌을 뿐만 아니라 영혼을 지니고 있는 동시에 영혼과는 또 다른 정신을 지니고 있다.'라고 주장합니다.

고야스

다만 정식 학문으로서는 오랫동안 부정되어 왔지요.

아게마스

어떤 의미가 있느냐, 하는 문제인데요. 우리는 누구나 육체를 가지고 있습니다.

고야스

그 사실은 누구도 부정하지 않습니다.

아게마스

누구나 인정하는 세계입니다. 사후에 화장(火葬)을 하면 뼈와 재로 남는 세계. 이것이 육체입니다. 누구나 보고 느끼는 세계입니다.

그리고 '기쁘다, 슬프다' 하는 희로애락의 감정도 매일 체험합니다. 일주일 전의 기쁨과 슬픔은 일주일이 지나면 옅어지거나 사라지기도 합니다. 그러므로 영혼의 세계, 곧 감정의 세계는 지나가는 세계이기는 해도 무척 소중한 세계입니다. 어떤 사람이 곤란한 처지에 빠진 걸 보고 진심으로 동정하거나, 친구가 기뻐하면 함께 기뻐하는 영혼의 세계 또한 누구나 지니고 있다는 말입니다.

　마찬가지로 모든 사람은 정신의 세계를 갖고 있습니다. 정신의 세계는 우리의 사고 활동을 통해 지나가는 세계가 아닌, 불변의 객관적인 내실의 세계이며, 이 같은 정신 영역은 누구나 가지고 있습니다. 단순한 말 같아도 현대 학문이 인정하는 사실은 아닙니다.

진행자

슈타이너 이전에는 그런 주장이 없었습니까? 조금 전에 독일어에서는 가이스트와 젤레로 분명하게 구분되어 있다고 하셨는데.

고야스

아뇨. 독일어로도 구분되어 쓰이는 경우는 많지 않습니다. 그것을 슈타이너가 명쾌하게 구분한 것입니다.

아게마스

일본어에도, 예를 들어, '영(靈)'이란 표현이 있습니다. 사전을 보면 '영'의 첫 번째 뜻은 영혼입니다. 두 번째인가 세 번째인가에 정신으로 쓰여 있습니다. 아주 혼란스럽게 쓰이는 실정이랄까요.

독일어로도 가이스트와 젤레의 구별은 큰 문제입니다.

슈타이너가 여러 강연에서 말한 것입니다만, 869년 콘스탄티노플에서 열린 제8 공의회에서 '인간은 육체와 영혼으로 이루어진 존재이며 정신은 신의 소유이다. 인간은 육체와 영혼만을 지녔다.'라고 고시되었다고 합니다.

그 뒤, 인간은 육체와 영혼으로만 구성된 존재로서, 정신 세계는 신의 소유이지 인간의 소유가 아니라는 것이 사실화되어 버렸습니다. 인간도 정신을 갖고 있다는 사상은 이단으로 치부되고 말았습니다. 말하자면 신의 소유인 정신을 인간도 가지고 있다는 주장은 신에 대한 모독이며 이단 사상이라고 하여 기피해 왔지요.

인간은 원래 육체와 영혼과 정신 이 세 영역으로 이루어졌음에도 불구하고, 유럽의 정신사에서는 인간의 본질로부터 정신을 추방한 셈입니다. 그것이 근대에 이르기까지 계속 이어져 왔습니다.

19세기 사적 유물론 시대에는 인간 영혼의 세계조차 물질적인 사회의 반영이며, 사회적인 하부 구조에 대한 상부 구조에 지나지 않는다고 간주되었죠. 곧 인간 존재 전체가 육체와 영혼과 정신의 총체로 이루어졌음에도 불구하고, 정신

사의 흐름 속에서 인간은 먼저 정신을 잃고 영혼을 잃어 갔습니다. 남는 것은 육체뿐이라는 견해에 대항하여, 슈타이너는 인간은 본래 육체와 영혼과 정신으로 구성된 존재라고 주장합니다.

슈타이너의 '전인 교육'[1]이라고 하는 말은 바로 육체와 영혼과 정신을 포함한 전인 교육을 의미합니다. 그러한 총체로서 인간을 파악해야 하며 아이 자신도 그렇게 되기를 바라고 있다는 생각입니다.

교육으로의 전개

진행자

　슈타이너가 그런 사고 방식을 발전시킨 것입니까, 아니면 그가 새로이 발견해 낸 것입니까?

고야스

　9세기 이래에 부정되었다고는 해도 배경에는 그런 흐름이 죽이어졌다고 할 수 있죠.

　다만 표면상 정신은 추방되었지만 정신이란 말만은 살아남았지 않습니까.

　그리고 19세기 유물론이 등장하자 마음과 영혼조차도 뜻이 모호해졌습니다. 그러나 문학과 예술 속에서 또는 일상의 대화 속에서 그 말만은 이어져 왔습니다.

　그러나 정신이나 영혼이란 말은 구별하여 쓰기가 꽤 어렵습니다. '지금 난 정신적으로 힘든 일이 있어.' 라는 문장을 봅시다. 본래는 정신적으로 힘들다고 하기보다는 '마음이 괴롭다' 는 정도로 표현해도 될 텐데, 아무 때나 '정신적' 이라는 말을 혼동하여 사용합니다.

　여하튼 겉으로 드러나지 않고 이면에 면면히 흘러와 전해진 것입니다. 슈타이너가 그것을 공식 학문 속에 끌고 와서

그 생명력을 길러 내고 당당히 정신이라는 것의 실재를 말
했습니다.

아게마스

올바른 위치를 잡았다고 생각합니다.

고야스

맞습니다.

진행자

영어는 어떨까요. 마인드나 스피릿이란 말이 적당할는
지…….

고야스

영어로 가이스트는 스피릿(spirit), 젤레는 소울(soul)이라고
합니다.

아이가 성장하면서 학교 교육을 받을 때는 육체와 정신,
육체와 마음이라는 식의 대립 개념으로 배웠고, 그런 경우
정신과 마음은 같은 뜻으로 쓰입니다. 주관적인 개념으로 함
께 뭉뚱그려집니다. 정신, 마음, 영혼은 주관적인 개념, 말하
자면 눈에 보이지 않는 모든 불확실한 존재인 반면 육체라
는 것은 물리적으로 객관적인 것이라고 배워 왔습니다.

주관과 객관으로 표현했는데, 슈타이너도 눈에 보이지 않
는 것은 모두 주관이며, 눈에 보이는 것만이 객관적이며 의
심할 수 없는 사실이라고 말했습니다. 그런데 그 눈에 보이

지 않는 세계가 한 번 더 주관과 객관으로 나누어진다고 했습니다. 주관적이며 감정적인 것 또는 나만의 것으로 내가 없어지면 없어져 버리는 것, 나의 기쁨, 나의 슬픔 같은 것과 설령 내가 사라져도 여기에 엄연히 남는 객관적 세계로 다시 나누어진다고 했습니다.

진행자

그런 식으로 나누니 명쾌해지는군요. 여러 가지로 알기 쉽게 말씀해 주셔서 이해가 됐습니다만. 보통은 그런 식으로 생각지 않으니까 파악하기 어렵겠는데요.

고야스

아마 그럴 겁니다. 그럼 예를 하나 들어 볼까요. 꽃을 보고 순수하게 색을 지각하는 것은 우리의 몸입니다. 냄새를 맡는 것도 우리의 몸입니다. 하지만 "아, 예쁘다" 하고 느끼며 기분이 좋아지는 것은 우리의 영혼입니다. 또는 시들어서 슬프다고 생각하는 것도 우리의 영혼입니다. 그런데 이 꽃에는 자연의 법칙이 있어서 그 법칙을 우리 인간은 인식할 수 있습니다. 그것은 '좋다, 싫다' 하는 것과 관계없이 내가 있든 없든 존재합니다. 그것이 객관적인 정신의 세계입니다. 이제 조금씩 익숙해져야 할 거예요.

진행자

그런 사고 방식에 익숙해진다는 말입니까?

고야스

그렇죠.

아게마스

슈타이너의 『신지학』 서두에 멋진 구절이 있습니다. "우리가
보는 밤하늘의 별은 눈이라는 우리의 육체를 통해 본다. 그
별의 아름다움에 감동한다. 그것은 우리 영혼의 세계이다."

그런데 별의 운행의 법칙은 객관적인 법칙이지요. 그것을
인식하는 것은 정신의 영역입니다. 그것은 '아름답다, 기쁘
다, 슬프다.' 와는 다릅니다. 이것들은 사람들 누구나 가지고
있는 세 가지 영역으로서 분명히 의식화할 필요가 있습니다.

고야스

칸트도 분명히 "나를 감동시키는 것은 저 위의 밤하늘과 우
리 안에 있는 도덕률이다."라고 말했습니다. 그러나 그 감동
에 머물지 않고 밤하늘과 도덕률을 슈타이너가 말하는 정신
의 영역에서는…….

진행자

혹시 좀 전에 말씀하신 사고 방식을 의식적으로 훈련하시는
건 아닌지…….

고야스

예. 의식적으로 훈련합니다. 제가 현재 하고 있는 행동이나
언어, 그것을 이끄는 것이 지금 내 영혼의 영역인가, 내 영

혼이 입을 통해 표현하는 것일까, 아니면 정신의 영역에서 말하는 것일까.

같은 생각이라도 매우 감정적으로, 영혼적으로 생각할 때가 많으니까요.

또는 순간적으로 행동에 대한 결단을 내릴 때도 영혼에서 결단을 내리고 있는가, 정신에서 결단을 내리고 있는가를 판단해 봅니다. 그런 식으로 뒤돌아보고 각성하는 연습과 훈련을 해 나간다면, 조금씩 자신을 제어하고 다른 사람도 이해하게 된다고 생각합니다. 그러한 훈련 방법도 슈타이너는 여러 책에 잠언 형식으로 남겨 놓고 여전히 우리를 일깨우고 있습니다.

진행자

젤레와 가이스트를 구별할 수 있게 되었을 때 그것이 교육과 어떤 관련을 갖는지도 살펴보면 좋을 것 같습니다만.

아게마스

교육 문제, 그러니까 아이들을 어떻게 양육할 것인가, 하는 문제입니다만. 특수한 사람만 육체와 영혼과 정신을 지닌 것이 아니라 모든 사람이 당연히 지니고 있습니다.

그러므로 교육에서도 아이가 육체로만 이루어졌다고 본다면야 중요한 것은 육체 단련이겠죠. 건전한 육체에 건전한 정신이 깃든다고 한다면 우선 육체를 단련시키면 될 것입니다. 실제로 그리스의 교육 사상은 육체에 큰 비중을 두고 있지요. 그에 따라 그리스의 교육가들은 영혼과 정신에도 좋은 영향을 끼쳤습니다. 그런데 영혼과 정신의 실재를 인정하지 않고 육체의 존재만을 인정하는 교육에서는 어떤 결과가 나올까요.

아이를 육체와 영혼을 지닌 존재로 보는 교육은 아이가 육체만으로 이루어져 있다고 보는 교육과 다릅니다. 육체와 더불어 영혼의 세계를 가진 아이를 대하는 것이니까요.

그리고 아이가 육체와 영혼과 정신을 지닌 존재로서 태어났다고 여길 때 그 아이에게 맞는 교육 방법은 앞의 두 경우와 비교해서 전혀 다릅니다. 거기에 슈타이너 교육, 그러니까 발도르프 교육의 중심 주제가 있다고 생각합니다.

아이는 정신 세계에서, 영혼의 세계로 그리고 육체의 세계로 내려옵니다. 그것이 아이의 탄생입니다. 그러므로 아이를 양육하는 일은 육체를 영혼과 정신의 방향으로 길러 주는 것입니다.

고야스

태어날 때와 반대로 죽을 때는 우리 육체가 먼저 물리적으로 소멸합니다. 생물학적으로도 그렇죠. 영혼은 영혼의 세계로 들어가 없어져 버립니다. 우리 속의 자아는, 지금까지 머물렀던 육체를 벗어 버리고 영혼이 해소되면 원래의 정신 세계로 돌아갑니다. 그리고 지상에서 살던 동안의 모든 것을 음미하고 소화하고 한 단계 더 발전하게 됩니다.

어쩌면 나쁜 쪽으로 발전하거나 퇴화하는 걸지도 모르지만, 그런 자아는 다양하고 복잡한 발전을 거쳐서 언젠가 또 다른 영혼을 걸치고 육체라는 집을 골라 지상 생활을 하러 다시 내려옵니다.

그때에 육체는 자기 부모와 선조에게서 비롯된 육체적인 유전 법칙을 따라 태어납니다. 그런 의미에서는 부모나 선조가 있을 수 있지만, 순수하게 정신 세계에서 내려온 자아로서는 육체적인 부모나 선조가 자아의 전신이라고 할 수 없습니다. 요컨대 자신의 그 전(前) 지상 생이 전신(前身)이며 그것을 계승하는 셈입니다.

지상의 모든 인간에게는 지금까지 셀 수 없을 정도로 많은 계승이 있었으며 그에 따라 지상에서는 수많은 생이 존재한다고 슈타이너는 말합니다.

그러한 인식에 따라 학교 교사는 아이를 대하고, 부모 또한 그런 관점으로 아이를 대해야 합니다.

그러므로 눈에 보이는 육체, 몸만을 대상으로 하는 교육과는 방법이 자연히 달라집니다. 모든 아이에게 똑같은 음식을 먹이고 똑같은 옷을 입히는, 일률적이고도 획일적인 교육 그리고 몸과 마음이 있다고 인정하는 형태에서 예술적인 감정을 일깨우는, 자유로운 교육은 전혀 다릅니다. 진심으로 한 사람 한 사람이 이번 생에서 어떤 삶의 방법을 택할 것인가, 하는 문제이지요. 그것을 그 아이가 스무 살이나 스물 몇 살이 될 때까지 깨달을 수 있도록 도와주는 것이 교육의 역할이라 할 수 있습니다.

진행자

환생한다는 부분이 오해를 일으킬 우려가 있어 슈타이너가 몇 번이나 강조했군요. 이단과는 분명히 다르다고요.

고야스

예. 저도 이 부분에 관해서만큼은 별로 말하지 않습니다. 듣는 사람이 아주 단순하게 "뭐라구? 환생?" 하고 받아들이고 마니까요.

하지만 슈타이너 교육이 왜 그런지 철저하게 파고들다 보면 피해 갈 수 없는 부분입니다.

진행자

전생(轉生) 사상이라는 것은 서양에는 그다지 없는 걸로 알고 있는데요.

아게마스

본래는 있었습니다.

진행자

그 원류랄 수 있는 게 언제부터 있었는지요.

아게마스

이집트에서 그리스를 거쳐 초기 그리스도교 시대까지입니다.

하지만 이것은 인간이 육체와 영혼과 정신으로 성립된다는 주제에 포함되어 있습니다. 육체는 사라집니다. 영혼의 세계는 사라져 가는 세계이며 오직 정신의 세계만이 불멸이죠.

인간이 이 세 개의 세계로 이루어져 있다는 사실은 이론과 가설이 아니라 체험의 세계입니다. 예를 들면, 자기 사고의 세계를 음미할 때, 자신이 어떤 세계에 몰두하여 사고력을 집중할 때, 말하자면 하나의 객관적인 내실에 집중할 때, 그것은 하나의 확실하고도 리얼한 체험의 세계가 됩니다.

'기쁘다, 슬프다'라고 말하는 지나가는 세계도 체험하며 육체도 물론 체험합니다. 종합적으로, 인간 존재가 육체를 잃고 영혼은 지나가 버려도 정신 세계는 불멸의 세계로서 남는다는 것입니다.

여러 불교 사상 속에서도 있습니다만, 괴테 같은 사상가에게서도 비슷한 점을 발견할 수 있습니다.

괴테의 말을 문자 그대로 옮겨 볼까요. 『엑커만과의 대화』에서 이렇게 말했습니다. "사후의 생에 대한 확신은 나에게 있어서 활동의 관념으로부터 생겨난다. 만약 내가 생이 끝날 때까지 쉼 없이 활동한다고 하자. 지금의 존재 형식이 나의 정신을 더 이상 지속시킬 수 없을 경우, 자연은 나에게 또 다른 존재 형식을 지정할 의무가 있다." 그것은 하나의 요청인 셈입니다. 이것은 유럽에 살던 괴테가 한 말입니다 만, 불교에도 윤회 전생 사상은 여러 문헌 속에 살아 있습니다. 한 예로 11세기의 불교학자 모크샤카라 굽타의 『인식과 논리』라는 책에 윤회의 논증이라는 재미있는 한 구절이 있습니다.

"마음이라는 것은 모두 다음 순간의 마음과 연결된다. 예를 들면, 현재의 마음처럼 죽는 순간의 마음도 마음 자체에 변화는 없다. 그러므로 죽는 순간의 마음은 다음 순간, 곧 다음 생의 첫 마음과 연결된다. 각 순간의 마음은 그에 앞선 순간의 마음에서 생겨난다. 예를 들면, 현재의 마음이 그런 것처럼, 탄생하는 순간의 마음은 전생(前生)의 마음으로부터 생겨난다."

슈타이너는 이러한 전생론이 인과론에 근거한 근대 자연 과학의 성과와 모순되지 않는다고 말합니다.

그가 예를 든 인물 가운데 17세기 이탈리아의 자연 과학 자인 프란체스코 레디[2]라는 사람이 있습니다. 최하등 동물도 생식에 의해 태어난다고 주장했을 때, 레디는 곤충이나 물고 기조차 진흙에서 생겨난다고 믿던 당시 사회로부터 맹렬한 반대에 부딪혔습니다. 기오르다노 브루노[3]나 갈릴레오 갈릴 레이가 받은 박해에 못지 않았죠.

그런데 "생명이 있는 것은 생명이 있는 것으로부터만 생겨난다."라는 17세기의 프란체스코 레디의 사상이 옳았다는 것은 오늘날에 두말할 나위가 없습니다. 20세기의 슈타이너의 주장은 '심적, 정신적인 것은 오로지 심적, 정신적인 것으로부터만 생겨난다'는 것입니다. 이전의 자연 과학과 코페르니쿠스의 세계관이 언젠가 받아들여졌듯이 정신 과학의 영역에서 심적, 정신적인 인과율로서 전생론이 받아들여질 시기도 오지 않을까요.

불멸인 정신의 세계를 누구나 가지고 있다. 누구나 가지고 있다는 것은 정신이 모든 인간에게 생성과 발전, 전생의 핵이란 뜻입니다. 정신의 존재를 인정한다는 것은 전생이라는 주제를 내포하고 있다는 말입니다. 정신이 있다는 것은 전생이 있다는 말을 내포하는 말입니다.

진행자

그 부분만 언뜻 듣는다면 오해하기 쉽겠는데요.

고야스

하지만 인간이 세 가지 세계에 속해 있고 그 중 정신 세계가 영원하다고 한다면, 태어나서 죽는 걸로 그냥 끝이라는 말은 할 수가 없는 것이지요.

진행자

그 부분은 슈타이너의 책에 정확히 논증되어 있겠지요.

아게마스

그렇습니다. 특히 『신지학』을 읽어 보면 매우 논리적으로 쓰여 있음을 알 수 있지요. 오히려 그의 주장이 훨씬 더 논리적으로 여겨질 정도입니다.

육체는 부모로부터 받은 것입니다. 영혼은 현재 자신의 영혼입니다만 변하기 쉽지요. 그러나 자신의 자아, 자신의 정신은 자기 이외의 존재에는 있을 수 없습니다. 육체는 부모로부터 물려받고, 영혼은 다양한 결과의 법칙을 따릅니다. 그러나 정신은 전생의 법칙을 따른다고 합니다.

고야스

물론 그 세 가지는 고루 뒤섞여 있어서 실제로는 어느 한 가지를 순수하게 추출해 낼 수 없습니다. 그 모든 것이 인간의 자아에 전부 새겨져서 보통 부모 자식이 닮았다고 하는 경우가 많습니다. 그것은 각각이 각자의 인간 속에서 서로 결합하고 침투하기 때문입니다. 하지만 개인을 이루는 가장 순수한 핵은 부모로부터 유전되는 것이 아니라는 말입니다.

그리고 좀 전에 인용한 괴테의 글 중에서 또 '육체가 더이상 정신을 담아 내지 못할 경우에는 외부의 형식을 스스로 구한다' 는 말이 있습니다. 매일매일 일상 생활 속에서도 그 비슷한 작은 일들이 이루어지고 있습니다. 잠이라는 형식이 바로 그것입니다.

진행자

좀 전에 말씀하신 신비극의 각본을 쓰는 것도 자기 생각을 외부의 다른 사람들에게 전달한다는 뜻입니까?

아게마스

그렇습니다.

진행자

일반적으로 그런 사고 방식을 받아들이기 쉽지는 않겠는걸요.

아게마스

일반적으로 받아들여지기는 어렵습니다. 슈타이너는 결국 '인간은 육체와 영혼과 정신으로 성립된다.'는 이 한마디를 하기 위해 『신지학』이란 책 한 권을 쓴 셈입니다.

그리고 인간이 어떻게 자기 인식에 이르는가를 책과 신비극을 통해 또는 회화, 조각, 건축 등과 같은 다양한 표현 수단을 통해 나타냈다고 볼 수 있습니다.

『보편적 인간학』

진행자

  슈타이너의 그러한 사고 방식은 발도르프 학교 현장에서 어
떤 식으로 적용되고 있는지 말씀을 해 주시죠.

고야스

  그럼 화제를 그쪽으로 돌려 볼까요.

아게마스

  슈타이너의 『보편적 인간학』은 발도르프 학교의 교사를 희
망하는 사람들을 대상으로 하는 최초의 교육론 강연입니다.
그 중에서 아이의 출생에서부터 7세, 14세, 21세까지를 7년
주기로 나누어 각 시기별 인간의 성장과 발전 과정에 맞추
어 교육하는 것이 있습니다. 초등학교 1학년에게는 초등학교
1학년에 적합한 교육 방법이 있다는 거죠. 그러니까 지적인
주입식 교육이란 하지 않는 것이 좋은 게 아니라 해서는 안
되는 방식이죠. 예술 교육을 철저하게 실시할 필요가 있다고
도 설명합니다. 아이들이 성장하여 발전해 나가는 과정 속에
서 인간 내부의 사고, 표상, 개념의 세계와 인간 내부의 의
지, 판타지, 상상의 세계는 서로 반대되는 세계를 만듭니다.
  개념과 표상의 세계는 인간의 과거 또는 출생 전의 세계

에 그 기원을 갖고 있습니다.

그에 반해 인간의 의지와 판타지, 상상력은 미래를 지향하고 있습니다. 그 미래는 사후 세계도 포함합니다.

그러므로 아이들이 충분히 성숙하기 이전에 주입식 교육을 시킨다는 건 미래를 향해 자라나야 할 아이들의 본성을 오히려 과거의 세계로 잡아끌어 내리는 행위입니다. 지적, 개념적인 주입식 교육이 아동의 성장과 발전을 촉진하는 것이 아니라 오히려 방해하는 작용을 하기 때문입니다.

고야스

이러한 역의 관계, 다시 말하면, 의지는 미래를 향하고 표상과 사고는 과거를 향해 있다는 점을 잘 파악한다면 제대로 된 교육 방향과 순서를 알 수 있습니다.

그 둘 사이에 또 감정이 들어갑니다. 의지는 용해되어 앞으로 나가는 것이기 때문에, 만일 먼저 사고를 강요당하면 의지가 자라기 어렵게 됩니다. 첫 번째 7년기에 의지, 두 번째 7년기에 감정, 세 번째 7년기에 사고가 자라납니다.

진행자

『슈타이너 학교의 참교육 이야기』에서는 그러한 사상을 배경에 두고 집필하셨습니까?

고야스

아뇨. 그 책에서는 조금 다른 측면을 다루었습니다. 1장에서 말씀 드린 대로 넓은 의미의 육체를 구성하는 요소를 살펴보지요. 먼저 '광물적인 신체'가 있고 식물과 공통으로 가지고 있는 생명의 힘, 생명체

다 그린 그림을 들고 있는 아이들

또는 '에테르 체(Ätherleib)'의 힘이 있습니다. 영혼의 세계로 들어가는 다리로서 감정체 또는 '아스트랄 체(Astralleib)'가 있고 정신의 영역까지 연결되는 '자아'가 있습니다. 바로 이 네 가지가 인간을 구성합니다.

실질적으로 인간이 태어나는 시기는 언제인가, 하는 문제를 『슈타이너 학교의 참교육 이야기』에서 다루었습니다. 그 경우, 지금 말한 네 가지는 수태의 순간부터 인간에게 내재되어 있으며, 각각의 단계마다 일종의 막 같은 것으로 보호되고 있다는 전제로부터 출발합니다.

태아가 엄마의 뱃속에 있을 때와 비슷한 느낌으로 보호받고 있다는 것이죠. 육체는 마지막 산달까지 꼬박 기다린 뒤에 나와야지 일찍 나오면 상당히 위험합니다. 그와 마찬가지로 보호막에 싸여 있는 에테르 체도 아스트랄 체도 자아도 모두 산달을 기다려서 태어나야 합니다.

교사가 칠판 가득히 그림을 그린다.

그 관점에서 본 육체의 산달은 이른바 탄생일인 0세이며, 에테르 체의 산달은 대개 치아를 갈기 시작하는 7세 전후, 아스트랄 체의 산달은 제2차 성징이 나타나는 14세 전후, 자아가 태어나는 시기는 한 인간으로서 혼자 설 수 있다고 보는 20세에서 21세 전후입니다. 각각의 산달까지는 막 속에서 보호를 받으며 간접적으로 길러져야 합니다.

첫 번째 7년기 때에는 물리적 신체, 곧 오감을 동반한 몸만은 외부 세계에 직접 노출되어 우유를 받아먹거나 움직이는 것이 허락됩니다. 다음 단계인 에테르 체는 아직 보호막에 싸여 있다는 점에 주의해야 합니다. 그리고 기억력이라는 것은, 에테르 체가 막을 벗어나 혼자서 처음 외부 세계로 독립하기 전에 압박을 받으면, 미처 다 자라지 못한 채 태어나게 됩니다.

그러므로 7세에 학교에 입학하는 것이 적절하다고 볼 수 있습니다.

슈타이너 학교의 입학 원서를 쓰다 보면 아주 재미있는 일이 있어요. 지능 테스트 같은 항목이 전혀 없는 대신 아이가 치아를 갈았는가를 묻는 항목이 있습니다. 치아를 제일 처음 언제 갈았는지, 지금 몇 개 갈았는지 등등. 아직 하나도 이갈이를 하지 않은 아이는 입학을 한 해 미룬다는 등 이갈이를 하는 것이 일종의 판단 기준이 됩니다.

또 하나 특이한 점은, 이 아이를 원해서 낳았느냐, 그렇지 않느냐, 하는 질문입니다. 그 항목은 무척 중요합니다. 아이를 학교에서 받아들이냐, 받아들이지 않느냐를 판단하기 위한 것이 아니라 담당 교사가 아이를 돌보기 위한 의미 있는 자료가 되기 때문입니다.

이갈이를 한다는 것은 하나의 지표로서, 이갈이가 진행되고 있다면 학교에 가도 좋습니다. 그것은 에테르 체가 밖으로 나왔다는 뜻이며 기억력에 관해 교육해도 좋다는 뜻이기

월례 잔치에서 연기를 하고 있는 12학년생들

때문입니다.

그 이후 13, 4세까지는 감정체라고도 부르는 아스트랄 체가 보호되어야 합니다. 이것이 보호막에서 나와 독립한 뒤에야 아이는 비로소 추상적인 개념을 이용한 공부를 할 수 있습니다. 그 이전에 추상 개념으로 사물을 가르친다면 아스트랄 체가 너무 일찍 나올 수도 있으므로 피해야 합니다. 초등학교 단계에서 그림을 그리고 색을 사용하고 음악과 율동을 하는 것만으로도 학습이 이루어지는 것이 바로 그런 이유입니다.

감정체가 태어나면, 그때부터 어려운 공부를 시작해도 좋다는 신호가 나타난 것입니다. 공식을 이용하고 추상 개념과 논리를 응용할 수 있다는 말입니다.

방풍림을 만드는 아이들

슈타이너 학교에서는 일반적인 교과서는 잘 쓰지 않습니다. 학교 쪽에서 직접 만든 교재를 사용하여 문학 작품을 읽는 수업이 이때부터 진행됩니다.

그렇다 해도 20세 전후가 될 때까지는 아직 '자아'를 조산시켜서는 안 됩니다. 자세히 설명하자면, 사회적인 책임이 뒤따르는 결단과 판단을 강요해서는 안 된다는 말입니다. 아직 그 시기까지는 어른의 충고와 조언이 필요하기 때문입니다.

이와 같은 세 단계의 발전에 대해서는 슈타이너의 『정신과학 입장에서 본 아동 교육』에서 심도 있게 다루어져 있습니다. 저는 대략의 내용만을 『슈타이너 학교의 참교육 이야기』에서 다루었을 따름입니다.

진행자

일본의 조기 교육 현상을 생각하니 오싹해지는걸요.

고야스

아, 그렇다고 슈타이너의 교육이 모든 방면에서 조기 교육을 부정하는 것은 아닙니다. 오히려 어릴 적에 일찍 가르쳐야 하는 부분도 있습니다. 요컨대 7세까지의 시기를 놓치면 안 되는 감각은 그 시기에 길러 줘야 한다는 말입니다.

오감 교육 같은 것 말입니다. 아이의 오감을 자연스럽게 길러 주는 일은 중요합니다.

예를 들면, 아기 때부터 합성 섬유만 입힌다거나 인공 조미료가 들어간 음식만 먹인다면 오감은 자라지 않습니다. 그리고 아기 방에서 필요 이상으로 큰소리를 내거나, 실제로 그런 일은 없겠지만, 아기에게 엄마가 항상 마이크를 통해 말을 건넨다면 아기의 오감은 발달되지 않습니다. 또한 오감이 미숙한 채로 어른이 된다면 어른이 되어서도 생명력 있는 자연의 소리와 기계를 통한 소리를 잘 구분할 수 없게 됩니다. 그런 사람들은 섬유에 대해서도 마찬가지여서 천연 섬유와 그렇지 않은 섬유를 구분하지 못하는 경우가 많습니다. 손으로 만져 보고 합성 섬유가 섞인 것인지 아닌지 생각해 보는 일도 없습니다. 어릴 적에 경험해 두지 않으면 성장하고 나서 아무리 배워도 이미 때늦은 일이 되고 맙니다.

'무엇을 조기 교육 할 것인가' 하는 깊은 성찰 없이, 일본의 학교에서는 오로지 지식 교육만이 조기 교육의 전부로 여기고 있는 실정입니다. 문학과 수를 가르치는 것이 조기 교육이라고 알고 있죠. 중요한 사물을 배우는 기초로서의 감각 기관이 황폐화되는 것은 우려하지 않습니다.

일곱 살까지 몸의 오감 교육은 매우 중요한 일입니다. 하지만 어느 유치원에서는 아예 4, 5세 가량의 아이에게 명곡을 들려주고 '이건 하이든의 몇 번 교향곡이다' 하는 식으로 가르친다고 합니다. 아이들이 잘 알 거라고 여기는 건 큰 착

각일 뿐입니다. 본래의 음악 교육이 아니라 단순한 지식 교육이 되고 만 경우지요.

그런 것보다는 어떠한 소리를 잡아낼 수 있는가가 더 중요합니다. 바람 소리 속에서도 음악을 들을 수 있는 지각의 힘이야말로 이 시기에 길러 주어야 할 감각입니다. '음악'이라는 말 자체를 아이들이 쓸 필요는 없습니다. 하지만 이러한 교육은 대부분의 경우 실시하고 있지 않습니다. 조용한 소리를 잡아낼 수 있어야 합니다. 어릴 적에 배우지 않았으니 어른이 되어서도 겨우 2, 30명만 모여도 마이크를 쓸 수밖에 없지요.

음식에 식품 첨가물을 넣지 말자고 주장하는 시민 단체도 마이크야말로 자연의 소리에 대한 첨가물이란 점을 깨닫지 못합니다.

이렇게 말하면 일종의 금욕주의가 아니냐고 편협하게 오해를 살 수도 있습니다만. 자연의 순수를 추구하는 것은 중요한 일입니다. 물론 기계 문명을 우리가 제대로 자각하고 쓸 수만 있다면 그것도 좋은 일이지요. 기계 문명을 제대로 쓸 줄도 알아야 합니다. 천여 명이 모여 있는 방에서 마이크를 사용하여 말을 전달하고 어느 정도 나이 든 사람이 바그너의 명곡을 레코드로 들으며 공부하더라도, 의식적인 자각만 있으면 괜찮습니다. 그것이 가능할 때까지는 될 수 있는 대로 기계를 피하더라도 말입니다.

아게마스

　요컨대 시기의 문제입니다. 중요한 것은, 언제, 무엇을, 아이
에게 가르칠 것인가, 하는 점을 아이의 성장과 발전을 지켜
보면서 결정하자는 것입니다.

세 번의 7년기

진행자

지금 유아 교육 말씀이 나왔는데 슈타이너 학교 입학 이전,
다시 말해서 유아기의 교육 방법에 대해서는 어떻게 생각하
시는지요.

고야스

그 방면의 책도 여러 권 나와 있습니다. 유치원에서의 실전
기록이나 이론서도 있습니다.

진행자

슈타이너 학교에는 유치원이 있습니까?

고야스

슈타이너 유치원이 있습니다.

진행자

몇 살부터 들어갈 수 있습니까?

고야스

세 살 가량부터입니다. 엄밀히 말하면 4세부터죠.

유치원 시절은 슈타이너가 말하는 첫 번째 7년기의 종반
부에 해당합니다. 학교에 들어가는 두 번째 7년기와 분명히
다른 교육 과제가 있음을 의식해야 합니다. 절대로 지식 교

육을 해서는 안 되며 기억력을 자극해서도 안 됩니다. 7세 전후는 아이들이 유치에서 영구치로 갈고 기억력도 생기는 시기이므로, 그 이전에 아이에게 섣불리 기억력을 강요하게 되면 상당히 위험합니다. 물론 아주 어린 나이에 뭔가를 외우는 경우는 많습니다만, 그것은 산발적인 회상으로, 이를테면 기억의 태동이랄 수 있습니다. 태아가 모체 속에서 움직이기 시작할 때 '아, 아기가 움직이는구나.' 라고 느끼기는 해도 아기를 바로 끄집어낼 생각은 아무도 하지 않습니다. 마찬가지로 기억력도 산달까지는 의도적으로 끄집어내서는 안 된다고 생각하는 것입니다.

왜냐하면 이 기억을 담당하는 원래의 힘은 에테르 체라 부르는 것으로, '생명체' 또는 '생명 형성력'으로 번역합니다. 첫 번째 7년기 동안은 아이의 육체 형성에만 전념해야 하기 때문입니다. 오감이 발달하고 내장과 골격이 일단 갖추어진 다음에야 마지막으로 이가 빠지고 또 새로 생깁니다. 여기까지의 과정을 충분히 완수하기 전에 기억력을 변용시켜서는 안 됩니다. 7세까지의 여정은 장래의 기억력, 행동력의 기초가 되므로, 기억만을 너무 일찍부터 훈련시킨다면 어른이 되어서 의지와 행동은 약해지고 맙니다.

그러므로 유치원 시기에는 기억력을 강요하지 않는 한편 치아를 가는 동안 충분히 장래의 의지력을 염두에 두는 데 교육 의도가 있습니다. 기억에 호소하는 대신 유치원에서는 아이의 모방력을 이용한 교육을 합니다. 교사와 어른들은 아이가 하기를 바라는 행동을 눈앞에서 보여 줄 따름입니다. 그림을 그리고, 노래를 부르고, 산책을 하고, 꽃에 물을 주고, 연극을 하는 등 이 모든 행동을 교사가 직접 앞에서 실행합니다. 첫 번째 7년기의 아이가 '모방하는 존재'라는 것을 통해 '세상은 선하다'고 이해하게끔 하고 이에 따라 이 시기의 유아 교육이 이루어집니다.

두 번째 7년기에 아이는 '감정의 존재'로서 '세상은 아름답다'고 이해하며, 세 번째 7년기에는 '사고의 존재'로서 '세상은 진실하다'고 인식합니다.

아게마스
7년 주기의 발전에 대해 말씀 드리자면, 탄생에서부터 7세까지는 우선 육체적으로 완성되는 시기이며, 엄마의 행위를 무엇이든 똑같이 흉내내고 모방합니다.

슈타이너는, 아기의 존재는 온몸이 감각 기관이라고 통찰하고 그 감각 기관을 길러 주어야 한다고 말합니다. 이렇게 최초의 7년 동안 엄마의 모든 행동을 모방합니다. 그러다가 이갈이를 한다는 하나의 사건과 마주합니다. 이를 간다는 것은 육체의 변화이자 영혼과 정신의 변화를 의미합니다.

그 시점, 그러니까 거의 7세 전후에 비로소 학교 생활을 시작하게 됩니다. 아이가 초등학교에 입학하는 것입니다. 엄마 손을 놓고 말이죠.

그러면 엄마 대신 담임 선생님이 아이의 교육을 떠맡게 됩니다. 선생님이 매일 아침 아이들을 맞이하고 선생님의 권위 아래 아이는 무엇이 옳고 그른지, 무엇이 좋고 나쁜지, 무엇이 아름답고 추한지를 배워 나갑니다. 진, 선, 미의 이상(理想)을 배우는 것이죠.

그것이 두 번째 7년기의 과제이며, 이갈이를 하면서부터 생명체인 에테르 체가 발전하게 됩니다. 그 시기에는 동화 또는 신비한 이야기 메르헨의 세계와 성자(聖者) 또는 위인 이야기를 그림으로 그려 가면서 이미지로 생생하게 전달하는 것을 가장 중요하게 여깁니다. 몇 년도에 누가 태어났고 무슨 일을 했다는 것을 듣는 게 아니라, 먼저 그림으로 그려 본 뒤 아이가 그 속에 몰입해 가면서 교사의 권위(긍정적인 의미의)를 따라갑니다. 교사가 말하는, 모든 것은 옳다는 권위를 통해 아이가 뭔가 배워 가는 과정이 두 번째 7년기의 과제입니다. 감정체인 아스트랄 체가 눈을 뜨는 세 번째 7년기인 사춘기에 들어서야 비로소 역사에 대한 흥미와 관심을 자각하게 하면서 조금씩 개념적인 또는 지적인 판단력을 요구하는 시기로 들어서게 됩니다.

요컨대 각각 그 시기가 되어서야 비로소 받아들일 준비가

된다는 뜻입니다. 그런데 두 번째 7년기에 미리 판단을 강요
한다면 온전해지기도 전에 전부 망가져 버린다고 합니다.

고야스

첫 번째 7년기의 모방과 오감 교육을 충분히 실시하는 일과
『보편적 인간학』에 설명된, 의지를 기르는 일은 일맥 상통합
니다. 첫 번째 7년기에 적절한 교육이 충분히 이루어지지 않
으면, 어른이 되고 나서도 의지력, 행동력, 결단력이 약한 사
람이 되고 맙니다. 돌이킬 수 없는, 아주 중요한 일입니다.

　다음 두 번째 7년기에 대해 말씀 드리겠습니다. 같은 이
야기라도 이미지를 지닌 그림으로써 구체적으로 생생하게 전
달하는 것이 중요합니다. 그런 분위기에서 수학 공부를 하더
라도 재미있고 특이한 방식으로 하는 것이 어른이 되어서도
감정이 풍부한 사람이 되는 지름길입니다. 그런데 지식 교육
만을 주입받는다면 두뇌 회전은 빠를지 몰라도 그만큼 감정
이 무뎌지거나 행동에 약한 사람이 되고 맙니다. 그러므로
그 '시기'란 게 매우 중요하다는 말입니다.

　슈타이너 학교에서는 8년 동안 같은 담임 아래서 공부하
기 때문에 교사가 아이의 특성을 잘 파악할 수 있습니다. 그
러니까 태어나서 처음 7년 동안은 엄마나 가장 가까운 친척
어른이 아이를 돌보게 되고 학교에 가서는 담임 선생님이 다
음 8년 동안 아이를 맡는 것입니다.

보통 좋은 선생이니 나쁜 선생이니 하는 말들을 합니다. 요컨대 좋은 선생님을 만나면 행운이고 나쁜 선생님이 8년 동안 담임을 맡게 되면 어쩌나 하는 사고 방식 말입니다. 거기에는 모든 것에서 평균적인 것을 구하려는 발상이 있습니다. A교사는 수리 계통이 강하지만 그림이 약하고 B교사는 문학과 그림에 강하지만 수학이 약하다면, 두 선생님에게 반 반씩 배우려는 생각 말입니다.

하지만 우리 아이들은 어느 선생님과 만나든 만남 자체에 외경심을 갖고 있습니다. 애초에 세상에 태어나 부모와 만나는 것은 주어진 일입니다. 혹 옆집 부모와 자기 부모를 비교해도 어쩔 수 없는 일입니다.

그것은 인생관의 차이일 뿐입니다. 1년마다 담임 선생님을 바꿔서 균형을 맞추는 것이 좋다는 쪽이냐, 같은 선생님과 보내게 될 8년이란 긴 시간을 소중히 생각하는 쪽이냐 이거죠. 어떤 시각에서 보느냐에 따라 판단은 달라지니까요.

여기에 하나 더, 초등학교 시절의 담임 선생님에게 '자명한 권위'가 필요하다는 테제를 덧붙입니다. 1, 2년마다 담임이 바뀌고 아이들을 이리저리 옮겨 다니게 하고 교육 내용을 평균화하는 것보다, 이 시기의 아이들은 하늘같이 믿고 의지할 수 있는 사람이 필요합니다. 그 역할을 담임 교사가 해야 한다는 생각입니다. 이것을 슈타이너 교육에서는 '자명한 권위' 또는 '사랑받는 권위'라고 부르며, 교사에게 8년 동안 지속적인 담임 역할을 요구하고 있습니다. 1960년대 말 영국에서 출발하여 유럽 각국에 '반권위 교육'이라는 말이 유행한 적이 있었지요. 슈타이너 학교도 그 흐름을 따를 것인가 지켜보던 시기였습니다. 하지만 이것은 근본적인 오해입니다. 어른이 되고 나서는 홀로 자립하여 어떤 권위에도 의존하지 않는 자유로운 사람이 되어야 하지만, 아이에게는 확실히 믿고 의지할 수 있는 어른이 필요합니다. 이 경우, 권위라는 것은 긍정적인 의미로 쓰이며, 자명하고 사랑할 수 있는 권위는 아이를 위해 마땅히 있어야 한다는 말입니다.

그런 인식에 기초하여 담임의 역할이 8년 동안 지속되는 거라고 생각합니다.

아게마스

좀 전에 말했던 의지와 표상, 과거와 미래 이야기는 여기서 처음 현실화됩니다.

최초의 7년기에 배워야 할 것이 있고 두 번째 7년기에 배워야 할 것이 있듯이, 세 번째 7년기에 들어가서 각각의 아이는 비로소 자신만의 판단력을 익힐 수가 있습니다.

두 번째 7년기에는 좋고 나쁜 것을 교사의 모범에 따라, 그 권위를 좇아서 배웁니다. 세 번째 7년기에 이르러서야 스스로 판단하고 스스로 선악(善惡)과 미추(美醜), 정오(正誤)

를 분별할 수 있도록 지도받습니다.

　그리하여 세 번째 7년기에 대한 준비가 되었을 때 아이는 스스로 판단할 수 있게 되며 지적인 사실, 개념적인 사실 또한 완전히 소화할 수 있게 됩니다.

　학교를 졸업한 뒤 최종적으로 직장을 잡을 때도 특별히 취업 정보를 제공하거나 직업 교육을 실시하는 것이 아니라 자기 자신이 어떤 직업을 가질 것인지를 자유롭게 선택할 수 있도록 판단력을 길러 줍니다. 여기까지가 하나의 연결된 흐름입니다. 바로 이러한 점이 슈타이너 교육을 '자유에 이르는 교육'이라고 부르는 진정한 의미라고 생각합니다.

　그러므로 7년마다 육체와 영혼에 나타나는 변화가 각각의 단계에서 정신의 존재 방식에 대응하도록 교육이 이루어지고 있는 것입니다.

　교육 방법으로 정해진 교과 과정이 있다기보다 '어린이는 어떤 존재인가', '인간이란 무엇인가'를 응시함에 따라 방법이 자연히 나온다는 생각입니다. 요컨대 꼭 필요한 것을 적절한 때에 가르치자는 극히 자연스런 발상인 거죠.

　그런데 지금 일본의 현상을 보면 자연스런 방법은 도무지 찾아볼 수 없습니다. 예를 들어, 시계는 거의 디지털이며, 계산기를 사용하고 컴퓨터를 사용합니다. 스스로 판단하고 제어할 수 있다면 그것도 괜찮습니다. 하지만 그렇지 않은 시기에 먼저 접해 버리면 아이는 그 시기밖에는 기를 수 없는 능력을 갖추지 못한 채 자라고 마는 것입니다.

최종적으로 어떤 결과를 불러일으킬지 생각만 해도 무서운 일입니다.

진행자

지금 이야기를 듣고 보니, 슈타이너 교육은 아이가 스스로 직업을 고를 수 있는 성숙한 성인으로 자라도록 지도해 가는군요. 설명을 들으니 잘 알겠습니다. 그런데 일본 현실은 다릅니다. '교육 목적이 어디에 있을까' 하는 성찰이 없는 데다 아이들은 아이들대로 아무것도 모른 채 갑자기 취직을 해 버리죠. 스스로 선택한 길인지 아닌지는 생각할 겨를도 없이 말입니다.

고야스

자신이 무엇을 하면 좋을지 모르겠다는 게 대학생들이 가장 많이 하는 고민입니다.

진행자

모라토리엄, 곧 지급 유예란 것이 그런 분위기와 관련이 있을까요.

고야스

모라토리엄이라도 실제로 무얼 할지 찾아 헤매는 상태의 모라토리엄이라면 괜찮습니다. 찾는 힘을 길러 주지 못했기 때

위 : 공장과 조화를 이룬 히베르니아 학교
왼쪽 아래 : 졸업 기념 공연
오른쪽 아래 : 히베르니아 학교의 벽면

문에 발생한 모라토리엄은 정말 비참하죠.

슈타이너 교육에서 자주 등장하는 힘은 크라프트(Kraft)라고 합니다. 정말 스스로 선택하는 힘을 말하죠. 어떤 직업이 적성에 맞는지를 자신이 찾아낼 수 있는 힘. 자아가 강하다는 뜻으로 말해도 좋을 거예요.

반면 일본에서 자주 말하는 힘이란 이른바 '학력'입니다. 그야말로 직업 교육 위에 지식 교육인 것입니다. 힘의 내용 자체가 다르죠."

자주 슈타이너 학교 학생들은 자조하듯이 '우리는 세상 물정을 몰라', '상식이 없어' 하며 우스갯소리를 합니다. 그러나 학력과 지식의 양에서는 뒤진다고 스스로 인정은 하면서도 생활력만큼은 충분히 갖추고 있다고 자부하는 그들의 표정은 하나같이 믿음직스럽습니다.

'현대 시사 용어 기초 상식' 같은 것을 테스트 한다면 분명히 점수는 나쁠 것입니다. 하지만 자기 길을 직접 찾아가는, 살아 있는 파워와 에너지는 모두 강합니다. 그렇기 때문에 졸업할 나이가 되면 모두들 낙천주의자가 되어 자신감이 넘쳐 납니다.

진행자
일본의 현실과 비교하니 매우 재미있군요.

주

1) 전인 교육 : 지식이나 기술에 치우치지 않고 인간이 지니고 있는 모든 자질을 전면적·조화적으로 육성하려는 교육.

2) 프란체스코 레디(Francesco Redi, 1626~1697) : 이탈리아 의사이자 박물학자, 시인. 파리의 발생에 관해 확인하고 자연 발생설을 부정하였음. 이 밖에 무척추 동물 및 뱀의 독에 관한 연구가 있으며 저서로 『곤충에 관한 실험』이 있다.

3) 기오르다노 브루노(Giordano Bruno, 1548~1600) : 이탈리아 철학자. 우주의 무한과 지동설을 주장하고 반교회적인 범신론적 신학을 주장하여 이단으로 몰리어 화형당함.

제5장

사회로 뻗어 나가는
슈타이너의 사상

거울에 반사된 듯한 포르멘
위·아래로 반사된 듯한 포르멘을 그림으로써
또 다른 공간의 생성을 인식한다.
4변 대칭 포르멘을 그리기 전 단계이다.

사회 유기체의 삼지적 구조

고야스

    슈타이너는 아주 다면적인 사람입니다. 특히 제1차 세계 대전 후의 혼란한 사회 상황 속에서 독특한 사회론을 주창하고 담배 공장 안에 학교를 세우는 등의 활동만 본다면, 당시 그를 '좌익 혁명가'로 보던 경향도 이해가 갑니다. 하지만 좌익 사상가들이 오히려 그를 보수적인 신비주의자로 보는 시각이 많았습니다. 결국 좌익으로부터는 우익으로, 우익으로부터는 좌익으로 비친 셈입니다. 왜 그랬는지를 이해하기 위해서는 슈타이너의 사회론을 살펴봐야 할 것 같습니다.

아게마스

    지난 시간에도 말씀 드렸습니다만, 1919년은 사회적으로 매우 혼란스웠던 해입니다. 때마침 제1차 세계 대전이 끝난 터라 그 종결 문제를 둘러싸고 독일 전역에서 사회 운동이 일어났지요. 일부에서는 사회주의 혁명으로 종결시키려는 분위기가 강했습니다. 그런 흐름 속에 슈타이너는 어떤 위치에서 있었을까요. 단순한 신비주의 사상가였다면 사회 문제에는 관여하지 않고 깊은 산속에 숨어 들어갔을지도 모릅니다. 그러나 슈타이너는 시대가 던져 준 주제와 정면으로 마주했습니다. 당시 사회 사상가들 대부분은 적잖이 사회주의 색채를 띠었습니다. 그러나 슈타이너는 독자적인 관점에서 나름대로 사회 문제를 파악했습니다. 그가 교육 문제를 해석한 것과 같이 사회 문제 또한 독자적으로 해석한 것입니다.

고야스

그 점에 대해 아게마스 씨가 상세히 설명해 주시죠.

아게마스

이를테면 사회 문제를 바라볼 때도 표면적인 사회 현상을 어떻게 해결할 것인가를 궁리하는 것이 아니라 그런 현상의 원인이 무엇인지를 밝혀 내려는 태도를 취했습니다.

다시 말하면 사회 문제 배후에 있는 정신적인 근거에 대한 통찰을 시도한 것입니다. 사회 문제 또한 인간의 의식 문제로 해석하려는 시점에서 사물을 본 것이죠.

제1차 세계 대전의 파국이라는 당면한 사실에 대해서 왜 전쟁이 일어났고 왜 그렇게까지 될 수밖에 없었는가에 대한 통찰은 정신 과학적 관점에서 사회 문제를 해석하려는 방식에서 비롯되었지요.

당시 사회 문제를 해결하는 방법으로는 일반적으로 물질적인 사회 구조와 생산 체제를 바꾸면 자연히 좋아진다는 생각이 지배적이었습니다. 반면 슈타이너는 그보다 더 본질적인 문제가 있다고 보았습니다.

문제의 밑바탕에는, 사회도 하나의 유기체이며 사멸하는 것이 아니라 끊임없이 변화한다는 사고가 있었습니다.

　그러므로 그 시기에 맞도록 현실적인 해결을 해야 된다는 것입니다. 이런 견해가 모범적인 사회 개혁 프로그램이 있어서 그에 따르기만 하면 이상적인 사회가 가능하다는 뜻은 아닙니다. 우선 주어진 사회적 현실을 인정하고 그 본질을 어떻게 보고 판단하느냐가 관건입니다. 슈타이너는 1906~7년 베를린의 노동자 양성 학교에서 강사 생활을 하며 많은 체험을 합니다. 사회 문제를 통찰하기 위해서는 사회 유기체를 구성하고 있는 복잡한 요소들을 정확하게 통찰하는 것이 중요하다고 생각하게 되었죠. 예를 들면, 경제적인 이해 관계나 식민지 정책이 발화점이 되어 전쟁이 일어납니다. 인간의 문화 활동 자체는 본래 자유로워야 하는데 국가가 통제하다 보면 잘못된 방향으로 흘러갈 수도 있습니다. 노동력 자체는 원래 상품이 아닌데도 불구하고 상품화되어 버리는 등의 복잡하고 심각한 문제들이 많습니다. 그러나 여러 가지 문제 속에서도 분명히 통찰할 수 있는 하나의 사실이 있고 그 사회 유기체를 구성하는 모든 요소를 크게 세 가지로 나눌 수 있다고 슈타이너는 정의합니다.

　먼저 인간 내부의 문화 영역 또는 정신 활동 영역입니다. 학교 교육을 포함한 문화 활동 전체를 아우르고 있습니다.

그것은 각각 개인의 자유에 맡겨야 할 영역이지 경제나 국가, 정치 영역에 의해 규제되어서는 안 되는 영역입니다. 정신 활동만큼은 자유로워야 한다는 뜻이죠. 그런데 사실상 진정한 자유를 누리지 못할 때가 많습니다. 대부분의 경우 국가에 이바지할 수 있는 교육을 강요받으며, 산업 사회 또는 경제 사회에 기여할 수 있는 일꾼이 되기 위한 교육을 받습니다. 국가가 언론의 자유를 통제하는 등 제약도 많습니다.

두 번째는 법의 영역으로, 정치 영역이라고도 합니다만. 이것은 어디까지나 사람과 사람 사이의 관계에서 통용되며, 정치적이고 법적인 관계로서 이 영역을 지배하는 것은 '평등의 원리'라고 할 수 있습니다. 법과 정치의 영역은 이런 부분에만 국한되어야 하며, 그 이상 발전해서 국가가 하나의 거대한 권력을 소유해서는 안 된다는 견해입니다.

다음으로 사회 유기체를 구성하는 세 번째 중요한 영역은 경제 영역입니다. 경제 영역은 어디까지나 상품 생산과 유통, 소비에만 국한되어야 하며, 거기에는 분업 사상을 기초로 한 '박애의 원리'가 지배합니다. 순수하게 경제 문제로서 해결되어야 하는 영역입니다.

이처럼 정신 생활 영역, 법·정치 생활 영역, 경제 생활 영역, 이 세 가지는 각각 독립된 영역입니다. 그럼에도 불구하고 그것이 서로 혼동되어 어떤 영역이 다른 영역을 속박

하거나 혼란을 불러일으킴으로써 여러 가지 사회 문제가 일어난다는 것이 슈타이너의 견해입니다.

특히 제1차 세계 대전의 종결에 관해서 그러한 문제 의식을 '독일 국민과 독일 문화 세계에 고함'이라는 호소문을 통해 밝혔지요. 그 글은 곧 독일 문화인들의 지지를 얻었고 헤르만 헤세나 파울 나토르프[1]를 포함한 독일의 문화인 아흔아홉 명으로부터 서명까지 받습니다. 슈타이너는, 사회 유기체 각각의 영역이 자립된 영역으로 작용하고 또한 영역 사이에 서로 조화를 이룰 때에만 비로소 사회가 유기체로서 건전하게 기능을 다할 수 있다고 주장했습니다.

그러한 이념을 기반으로 사회 유기체 삼지적 구조 운동이라는 운동이 독일 남부를 중심으로 일어나게 됩니다. 그 이전에 슈타이너는 정신 과학자로서 강연을 많이 해 왔지만, 그것을 계기로 사회론을 주창하는 논객으로서 더욱 열정적인 강연을 시작합니다.

그리고 여러 노동 조합에 불려 다니며 강연을 하는 가운데 마침내 사회 유기체의 삼지적 구조를 실현하기 위한 동맹을 만들고 정열적인 활동을 전개합니다.

그의 사회 유기체의 삼지적 구조 사상은 자유 · 평등 · 박애라는 표어로 요약됩니다. 이미 오래전 프랑스 혁명의 기치였습니다만, 프랑스 혁명 시대의 자유 · 평등 · 박애는 결국 프랑스 공화국 내부의 이념일 뿐이었습니다. 슈타이너가 말하는 자유란, 정치적 통제와 경제적 통제로부터 완전히 분리된 자유로운 정신 생활입니다. 정치 생활의 평등이란, 사람과 사람 사이에서 개개인이 평등한 관계를 뜻하며, 경제 생활에서의 박애란, 정말로 필요로 하는 사람에게 물질이 공급되는 사회 속 박애를 말합니다.

예를 들어, 생산 수단이 자본주의 사회에서처럼 사유화가 되었다고 해서 노동자를 착취해서는 안 됩니다. 또 사회주의 국가에서처럼 국가의 소유가 되었다고 해서 생산 수단을 국유화해서도 안 됩니다. 생산 수단 자체는 단지 그것을 필요로 하는 사람이 언제든지 자유롭게 쓸 수 있어야 하며, 돈도 정말 필요한 사람에게 박애의 정신으로써 제공되어야 한다는 것이죠. 따라서 잉여 가치 또한 마땅히 필요한 요소이며, 잉여 가치가 없으면 문화 활동도 불가능하다고 슈타이너는 생각했습니다.

잉여 가치라고 하면 사회주의 이론에서는 마치 악의 근원처럼 비난합니다만, 잉여 가치가 없으면 학교 설립 자체도 불가능할 겁니다.

결국 제도 운용을 잘하는 것도 못하는 것도 모두 '사람'에 달려 있다는 거죠. 사회 체제 그 자체에 이기주의가 있는 것이 아니라 그것을 어떻게 활용하느냐에 달려 있다는 말입니다.

그래서 프랑스 혁명 시대의 자유 · 평등 · 박애가 아닌, 현대 20세기에 들어서 자유 · 평등 · 박애의 의미를 재정립한 것입니다.

그 속에서 자유로운 정신 생활 영역, 또 자유로워야만 하는 문화 활동 영역. 그것은 정치 영역에서도 경제 영역에서도 독립하여 인간의 본성을 순수하게 발휘할 수 있는 영역이라야 합니다. 이 삼지적 구조 사상 속에서 슈타이너 학교가 태어난 것입니다.

당시 발도르프 아스토리아 담배 회사 대표였던 에밀 몰트가 자사 노동자의 자녀들을 교육할 수 있는 학교를 만들고 싶다고 슈타이너를 찾아가 자문을 구했습니다. 그것이 계기가 되어 자유로운 정신 활동의 원점인 발도르프 학교가 '발도르프 교육 운동'이라는 형태로 1919년 9월 마침내 문을 열었습니다.

사회 운동과 밀접한 관계 속에서 필연적으로 발도르프 학교가 설립되었습니다. 당시 복잡한 사회 상황의 소용돌이 속에서 슈타이너 학교는 세워졌습니다.

슈타이너 학교의 삼지적 구조

고야스

　사회 삼지적 구조 속의 문화 활동 영역에 속하는 발도르프 학교 안에서도 역시 삼지적 구조가 진행된다고 말할 수 있습니다.

　제가 직접 학교와 인연을 맺은 때부터 경험하고 느낀 것을 얘기해 보겠습니다.

　처음에 아이를 학교에 데리고 가서 보니, 교장 선생님도 교감 선생님도 안 계셨습니다. 그것은 방금 얘기했던 삼지적 구조 가운데 법 생활 또는 정치 생활에서의 '평등'이었습니다. 그해의 입학 상담을 맡은 당번 선생님이 오셔서 저와 아이는 그 선생님과 함께 이야기를 나눴습니다.

　그런데 이번에는 수업료 문제에 부딪혔습니다. "수업료는 일단 기준이 있기는 합니다만 댁에서 결정하십시오."라고 선생님이 말씀하시더군요. 그 말을 들은 저는 몹시 어리둥절했습니다. 요컨대 그것은 삼지적 구조 중에 경제 생활 속에서의 박애를 실천하고 있었던 것입니다.

　아이가 입학하고 나니 교과서 없이 진행되는 에포크 수업이 시작되었습니다. 한 학년에 두 반이 있었는데, 각 반의 담임 선생님이 가르치는 내용이 전혀 달랐습니다. 바탕이 되는 큰 줄기의 인간관에 따라 교과 과정의 흐름만 있을 뿐이었습니다. 예를 들어, 한쪽 반에서는 처음 6주 동안 그림만 그렸고 또 다른 반에서는 주로 음악을 열심히 배웠습니다. 그런 식으로 각 반의 수업 내용은 다르며 그것은 오로지 교사의 독자적인 판단에 따른 것입니다. 곧 정신 생활의 자유를 실현하고 있는 것입니다.

학부모 입장에서 저도 이상한 학교라고 여겼지요. 그러나 모두 삼지적 구조와 직결되어 있음을 알게 되자 의아심이 한꺼번에 말끔히 해소되었습니다.

교무실에는 다수결의 원칙에 따르는 민주주의는 없습니다. 직접 공화제로서 서로 깊이 있게 이야기를 나누되 투표는 하지 않습니다. 매주 열리는 교무 회의는 시간이 많이 걸릴 것 같지만 전원이 납득할 수 있는 선까지 대화하는 식으로 진행됩니다. 회의에서는 박사 학위를 가진 수학 교사도 1학년 담임도 완전히 동등합니다. 아이의 수업료는 부모가 결정하지만, 그 액수를 다른 교사나 아이들에게 공개하지 않고 사무적으로만 처리할 뿐입니다. 공부하는 아이들이 수업료 같은 것에 구애받지 않는다는 사실은 12년 동안의 제 경험으로 확실히 말씀 드릴 수 있습니다.

게다가 선생님들은 아주 자율적으로 수업을 진행합니다.

어떤 선생님은 역사 박물관에서 전시물 관찰에 오랜 시간을 보내기도 하고, 또 다른 선생님은 3학년부터 학급 오케스트라를 만들기도 합니다. 아이들을 학교에서 멀리 떨어진 섬에 데리고 나가 함께 보름 이상 머무는 선생님도 있습니다.

그 모든 것들은 '삼지적 구조'라는 어려운 말로 부른다는 것을 저는 학부모로서 꽤 나중이 되어서야 이해할 수 있었습니다.

바로 작년 3월의 일입니다. 녹색당을 대표하는 국회 의원 오토 실리가 국회에서 임기 만료 연설을 했을 때 슈타이너의 삼지적 구조에 대해 이렇게 말하더군요. "약 70년 전 루돌프 슈타이너는 사회 기능을 문화·국가·경제, 이 세 가지 영역으로 나누었습니다. 이것은 인류 멸망의 위기를 의식하는 사람들에게는 미래 사회의 모델이 될 수 있습니다. 안일한 사고에 빠지는 것은 바람직하지 않은 일입니다." 이런 말도 했습니다. "만약 1920년대에 그의 이념이 사람들 사이에서 광범위하게 토의되어 실천하는 쪽으로 받아들여졌다면, 아마 나치의 공포 정치나 제2차 세계 대전이라는 파국을 피할 수 있었을지도 모릅니다." 그 연설은 텔레비전으로 중계되면서 상당한 센세이션을 일으켰습니다.

20대 초 저와 동년배들은 멋있게 들리는 말들에 쉽게 감동을 받았어요. 학생 운동이 한창일 때였는데 저도 심취하여 자주 입에 담았었죠. '만인은 평등하다', '모든 사람은 자유롭다', 그리고 프랑스 혁명의 기치인 '자유·평등·박애'. 이런 말들을 슬로건처럼 많이 알고 있었거든요. 지금 돌이켜 보면 그때는 진정한 의미를 안다기보다는 그저 추상적으로 그런 말들을 지껄이고 다녔던 것 같아요.

엄밀히 따져 보면, 자유와 평등이 모순되는 경우는 실제로 자주 있을 겁니다. 이른바 사회 운동을 하는 사람들도 자유를 주창하는 사람들도 어느 부분에서는 그런 사실을 짐짓 속이며 일종의 이기주의마저 갖고 있다고 느껴지거든요.

세 가지 원칙, 자유·평등·박애는 어느 것이나 다 훌륭합니다. 그러나 여기서는 절대적으로 평등의 요소가 적용되어야 하고 저기서는 철저하게 자유가 실천되어야 한다는 각기 다른 국면에 대해 명확하게 이해해야 합니다. 그와 같은 의식이 없다면 주장도 추상적일 수밖에 없겠지요. 사실 저도 인지학 공부를 시작하면서 이런 생각을 하게 되었습니다. 과거에 제가 몸담았던 운동 단체의 어떤 주장이 어느 점에서 모호했던가를 깨달을 수 있었습니다.

진행자

방금 '슈타이너의 이념이 받아들여졌더라면'이라는 말을 들으니, 그의 제안이나 노동자에 대한 강연이 전적으로 받아들여지진 않았던 모양입니다. 에밀 몰트처럼 이해하는 사람만 있었던 게 아니라…….

아게마스

실제로 그 당시 독일이나 오스트리아의 정치가들에게는 큰 영향을 주어 그의 사상이 구현되는 사례가 조금 있기도 했습니다.

강연 활동만큼은 무엇보다 활발했지요. 특히 독일 남부를 중심으로 1920년, 21년, 22년까지 집중적으로 이루어졌습니다. 그런데 그의 사상은 우익에서 보면 너무나 좌익적이고 좌익에서 보면 우익적이었습니다. 실제로는 그 어느 쪽도 아닌데 말입니다.

그러면서도 그의 정치 강연은 적극적인 호응을 얻어 규모가 자꾸자꾸 커졌습니다. 때문에 뮌헨의 포 시즌스 호텔에서 강연할 땐 우익 단체로부터 하마터면 암살당할 뻔한 위기를 겪기도 했습니다. 그 사건을 가까스로 모면한 뒤로는 공개 석상에서 정치 강연을 삼가게 되었습니다. 그 이후 정치 강연이 훨씬 줄어든 것만은 사실입니다.

고야스

리프크네히트[2]나 로자 룩셈부르크[3] 등과 같은 청중을 상대로 강연했다는 말을 들었을 때는 깜짝 놀랐습니다.

진행자

대단히 호평을 받았군요.

고야스
그의 강연은 이른바 '사회주의 혁명가' 이상으로 인기가 있었다고 합니다.

은행 · 농장 · 병원

아게마스

이와 같은 슈타이너의 사상은 최종적으로 각 학교와 유기 농장 또는 그런 이념 아래에 세워진 은행이나 병원에서 실천되고 있습니다. 그러니까 대중에게 받아들여지는가 받아들여지지 않는가, 하는 것은 그 사상을 이해하고 실천할 수 있느냐 없느냐에 달려 있는 셈입니다.

고야스

1918~19년, 그 무렵부터 실제로 그의 사회론이 빠르게 실행되고 실천된 곳은 아마 발도르프 슈타이너 학교일 겁니다.

나치가 집권할 당시 잠시 침체된 시기가 있기는 했지만요. 특히 70년대에는 슈타이너식 병원에 있는 의사와 간호사, 환자의 모습이 알려지기 시작했습니다. 직접 방문한 적은 없지만 슈타이너식 유기 농업을 실천하는 공동체에 관해서도 들어서 알고 있어요. 그런 곳의 모습이 알려지면서 그 창시자인 슈타이너와 그의 사상이 다시 한 번 주목받는 것 같습니다. 게다가 요즘에는 은행이라는, 자본주의의 상식만 통용될 것 같은 뜻밖의 분야에서도 슈타이너식의 파격적인 시도가 시작되었다고 합니다.

진행자

언제부터 그런 활동이 전개되었습니까?

고야스

돈에 관한 시도 말입니까? 대강 10년 전부터가 아닐까요. 〈슈피겔〉[4]지에 소개된 예를 말씀 드리죠. 보쿰이라는 루르 공업 지대 소도시의 한 은행에 슈타이너 사상을 실천하려는 사람들 20명 정도가 계좌를 만들러 갔답니다. 대계좌에는 20명의 수입이 전부 입금되어 관리되며, 소계좌는 20명 각자의 이름으로 만들어졌습니다. 아마 각각의 소계좌에 처음에는 다소 목돈이 입금되었겠지요. 사람들은 소계좌에서 각각의 생활비와 필요한 돈을 찾아서 먹고살고 그 소계좌가 적자 없이 늘 일정한 잔액이 유지될 수 있도록 대계좌에서 자동 이체 되는 시스템이었습니다.

그 일은 1979년부터 계속되어 왔는데 은행 쪽에서 전례가 없는 일이라 곤란하다고 불평을 했습니다. 각각의 개인 계좌로 해 달라고 말입니다. 그래서 예금자 그룹은 대계좌만 별도로 장부를 만들어 처리하게 되었죠. 그러니까 은행 계좌는 해지됐지만, 실질적으로는 대계좌의 수입을 모아 두고 그 돈에서 소계좌로 입금되는 방법은 변하지 않은 셈이죠. 이처럼 같은 뜻을 가진 사람들이 모여서 일종의 경제 공동체를 만드는 시도가 지금은 몇 개쯤 더 생겼습니다.

진행자

그 그룹의 회원은 같은 직종에 종사하는 사람들입니까?

고야스

아뇨. 각자 다릅니다. 저널리스트나 법률가, 세무사 등이 참가하고 있습니다.

물론 실제로 자기 수입을 초과해서 써 버리는 사람도 있고 그 반대인 경우도 가끔 있다고 합니다. 그러면 필요에 따라 서로 의논도 하고 적신호도 공개적으로 알려 줍니다. 그리고 회원들은 기존의 금전관(觀) 또는 자신과 자신의 수입 사이의 역학 관계를 어떤 식으로 새롭게 정립하느냐에 대한 공부를 한다고 합니다. 그럴 때 그들이 믿는 말이 있습니다. "누구든 자신의 생활은 타인의 노동에 의해 유지되고 반대로 자신의 노동은 타인의 생활을 위해 존재한다. 그런 비율이 늘어나면 늘어날수록 공동체는 보다 건전해진다." 슈타이너가 한 말입니다.

자신의 노동=자신의 수입, 자신의 수입=자신의 생활과 다양한 욕망의 충족. 이것이 일반적인 관계입니다. 이들은 그것을 극복해 나가는 일종의 수행을 실천하고 있는 것입니다.

조금 전 아게마스 씨가 말씀하신, 노동을 상품으로 보는 시각에서 벗어난 것입니다. 참, 말하기는 쉬워도 실천하기는 대단히 힘든 일이지요.

진행자

슈타이너 생전에도 그런 실천이 있었는지요. 지금 말하는 내용은 꽤 나중의 일인 것 같습니다만.

고야스

그런 은행이 실제로 생긴 것은 70년대에 들어서면서부터일 거예요.

진행자

슈타이너 자신도 앞으로 그런 것이 만들어져야 한다고 구체적으로 설명했는지…….

고야스

좀 전에 말했듯이 세 가지 국면을 확실히 분리·독립시켜야 한다는 이념에서 발전한 것입니다. 다만 은행 만들기 같은 구체적인 처방전을 남겼는지는 저도 알 수 없지요.

진행자

요컨대 기본만 가르친 셈이군요.

고야스

그렇죠. 사회론에 관해서는 기본선만 잡아 준 거죠. 현실적으로 실천되는 경우는 슈타이너 학교를 제외하고는 거의 최근의 일입니다. 70년대부터 활발하게 전개되었습니다. 서독의 고도 경제 성장과 석유 파동 위기 등에서 비롯된 환경 문제나 자연 보호 운동과 청년들의 반체제 운동이 연계되어 세상을 바로잡자는 운동이 번지기 시작했지요.

녹색당의 세력이 확산되는 것도 이를 상징하는 것이지만, 그들이 모두 슈타이너의 사회론과 중첩된다고는 할 수 없습니다. 그러나 슈타이너가 매우 예리하게 미래를 예측하고 해결 방향을 제시했던 것이 현대의 여러 가지 시민 운동에 광범위하게 영향력을 끼치고 있다는 것만은 확실합니다.

지금 슈타이너 사상을 실천하는 사람들 수는 서독에서 2만 명쯤 된다지만, 잠재적인 수는 어림잡아 100만 명에 이른다고 합니다. 급진적인 사람도 있고 동조하는 사람도 있는 반면 보쿰의 경제 공동체 방식은 아직 시기상조라고 생각하는 사람도 있습니다. 그렇다 해도 대규모 'GLS은행'이 가능하다면 슈타이너 추종자들 대부분이 찬성할 것이고, 무슨 일을 시작할 때 그 은행의 도움을 받을 일도 많을 것입니다.

GLS는 Gemeinschaft(게마인샤프트, 공동체)와 Leihen(라이엔, 빌려주다)와 Schenken(셴켄, 증여하다)의 머리글자입니다. 일반 은행과 다른 점은 예금자가 이자 액수를 정한다는 것이죠. 대부분의 사람들이 이자는 필요 없다며 시중 은행보다 낮은 액수를 말합니다. 그 의식 속에는 이 은행을 이용하면 자신들의 돈이 사회에 도움을 줄 것이라는 신뢰가 있기 때문입니다.

GLS은행에 모인 돈은 슈타이너 학교나 슈타이너 유치원 ·

농장·병원 들에 융자될 수 있으니까요. 게다가 가능한 한 무이자로 대출해 주고 수수료만 받습니다. 또 주목할 점은 서로 인지학 관련 사업을 하는 동지이므로 신뢰만을 담보로 삼고 물적 담보는 받지 않는다는 겁니다. 그러니까 빌리는 측, 예를 들어, 슈타이너 학교가 증설 자금을 필요로 할 때, GLS에서 무이자, 무담보로 빌리는 경우 이외에도 현 건물이나 토지를 담보로 일반 금융 기관에서도 융자를 받을 수 있습니다.

그런데 이 GLS은행은 연간 몇 십 억의 돈을 굴리지만, 은행 자체에 영리를 남기겠다는 발상은 전혀 하지 않습니다.

20명 정도의 '은행원'들에 의해 운영되지만, 그 중에는 월급을 받지 않는 사람도 있습니다. 결국 여기에도 삼지적 구조가 살아 숨쉬고 있는 것입니다. 뭐니뭐니 해도 슈타이너 추종자들의 금융 가치관은 '돈이란 어딘가에서 가부좌를 틀고 앉아 있어서는 안 된다. 돈은 빙빙 돌면서 사람을 치료하고 사람과 사람을 연결해 주어야 한다.'라는 것입니다. 그러므로 은행이란 바로 그런 일을 하는 곳이 되는 셈입니다.

요즘은 슈타이너 학교를 설립할 때 이 'GLS은행'에 융자를 희망하는 경우가 늘어나고 있습니다.

독일에서의 슈타이너 교육 운동

진행자

　슈타이너 학교 이야기도 나왔지만 그 일환으로 교육 운동에
관해서도 말씀해 주시면 좋겠는데요…….

고야스

　좀 전에 아게마스 씨가 말씀하셨던 흐름대로라면, 슈타이너
학교 그 자체는 사회 전체 삼지적 구조 가운데 정신 생활,
문화 생활에서 자유라는 항목에 들어갑니다. 교과서를 사용
하지 않고 교육부의 지시와 무관하게 독자적으로 운영하는
이유가 거기에 있는 것입니다. 교육이 어떤 의미에서든 국가
에 이바지하는 것도 아니고 경제계에 봉사하는 것도 아니라
는 것이 근본 자세입니다.

진행자

　일본의 사정과 독일과의 차이를 좀 이해하기 어렵습니다만,
독일의 일반 초등학교에 대한 교육부의 역할이 일본과 차이
가 있습니까?

고야스

　있지요. 독일 학교 교육법의 자세한 조문까지는 모릅니다만.
제가 아는 바로는, 교육부에서 1학년은 무슨 무슨 공부를 시

키라든가, 대학 입학 자격을 얻는 시험인 아비투어[5]를 위해 마지막 2년간은 이렇게 시간표를 구성하라는 등의 지시를 내린다고 합니다.

그러나 같은 서독이라도 주에 따라 교육부가 다르거든요. 다른 주에 대해서는 잘 모르지만, 뮌헨이 있는 바이에른 주는 좀 알지요. 그곳엔 공립 학교가 있는데 교육부와 완전히 직결되어 있습니다. 사립 학교는 적어도 두 종류 정도가 있습니다. 하나는 '인정받은 학교(Anerkannte Schule)', 또 하나는 '허가받은 학교(Genehmigte Schule)'입니다. 이 중간에도 여러 단계가 있는 것 같습니다. 그 단계에 따라 졸업 시험의 조건이 달라집니다.

공립 학교 졸업 시험 조건이 가장 수월합니다. 아비투어를 치르는 데 네 과목이면 된다는 식이죠. 그 다음 사립 학교, 한 단계 아래의 사립 학교로 내려가면서 조건은 더욱 까다로워집니다. 평등하게 적용되지 않는 부분이 있으므로, 그 부족한 부분을 마지막 시험에서 차별적으로 엄격함을 적용함으로써 동등하게 하려는 것입니다.

슈타이너 학교의 학부모 회의에서 자주 거론된 문제가 있어요. 몇 년 동안 사립 학교의 두 단계 중 상위급으로 인정받았다가 아래 단계로 떨어져서 다시 위의 단계로 승인받으려고 애쓰던 일입니다. 전후 3, 40년 사이에 그러한 변동이 있었습니다.

때마침 딸아이가 중학생 때 등급이 아래로 떨어졌습니다. 원 상태로 되돌리려고 진정을 하고 재판을 걸기도 했으며 심지어 다른 주의 슈타이너 학교에서 몇 대의 버스로 응원하러 와 주어 기세를 올리기도 했습니다. 너무 어려워서 그렇다면 적어도 그 중간 단계는 안 될까, 하는 의견도 나왔습니다. 그런 때 불쑥 튀어나온 익살스러운 표현이 아직도 기억납니다. 여담입니다만, '인정받는 학교'와 '허가받은 학교'의 중간 단계로 인정받을 수는 없을까, 모두 심각하게 의견을 나누고 있을 때였습니다. 한 학부모가 그 중간 단계라면 '기분 좋은 학교(Angegehme Schule)'가 딱 맞겠다며 능청스럽게 말하자 선생님도 학부모들도 큰소리로 웃었습니다. 여하튼 그런 것에서도 알 수 있듯이 사립 학교를 인가할 때는 단계가 있습니다.

진행자

한 지역에서 발도르프 학교가 설립되고 다음에 다른 지역에 또 생길 때까지는 시간이 어느 정도 걸리는지…….

고야스

아, 경우에 따라 완전히 다릅니다. 서독에서 지금 제일 많은 곳이 슈투트가르트를 중심으로 한 바덴 뷔르템베르크 주입니다. 최초로 슈타이너 학교가 생긴 주이니만큼 의식이 앞서

서인지 아니면 슈타이너 학교에 근무하는 교사와 학부모가 많아서인지, 꽤 오래전에 벌써 스무 개가 넘는 학교가 있었습니다. 지금은 서른 개 이상일지도 모르겠군요.

슈투트가르트 같은 주도(州都)에는 세 학교가 있었는데, 최근에는 여섯으로 늘어났을 정도라고 합니다.

그만큼 분위기 형성이 잘된 것이죠. 그에 비해 바이에른 주는 서독에서도 가장 보수적인 주인 데다 교육 행정이 엄격한 탓에 뮌헨에는 오랫동안 한 개교밖에 없었습니다. 그리고 얼마 안 있어 뉘른베르크에 슈타이너 학교가 생기고 나서 차차 뷔르츠부르크와 아우크스부르크에도 생겼습니다. 최근에는 킴가우에도 생겼고요. 뮌헨의 경우를 보면, 패전 뒤인 1949년에 학교가 처음 설립되고 두 번째 슈타이너 학교가 생길 때까지 꽤 오랜 시간이 걸렸습니다.

1978년에 비로소 학교가 생겼으니까 결국 전후 30년간 바이에른 주 전체를 따지면 뮌헨 한 곳밖에 없었던 것입니다. 그런데 두 번째 학교가 생긴 이후 80년대에 들어서 뮌헨에도 제3, 제4의 슈타이너 학교가 설립되었습니다. 조금 전에 거론한 다른 여러 도시에도 속속 들어서고 있다고 하니까 훨씬 가속도가 붙은 셈이죠.

진행자

슈타이너가 직접 관련된 곳은 몇 곳 정도입니까?

고야스

슈투트가르트뿐인 것 같습니다. 그의 생전인 1920년대, 그러니까 제2차 세계 대전이 발발하기 전에 퀼른, 함부르크, 에센, 베를린, 하노버, 드레스덴 등지에 학교가 생겨났습니다만 모두 38, 39년부터 45년까지는 패쇄당했습니다.

아게마스

영국과 네덜란드와 독일을 합해 아홉 개 학교가 있었습니다.

고야스

그렇습니다. 슈타이너가 영국에 가서도 강연했으니까요.

아게마스

제2차 세계 대전 직전까지 계속 늘어나다가 나치 시대에 일시적으로 패쇄되었지만, 종전 후 다시 학교는 늘어났습니다.

처음에 엥엘베르크 학교 이야기를 했습니다만, 그곳에서는 학교가 생기고 7~8년 만에 벌써 정원을 넘어서는 바람에 바로 그 옆에 똑같은 건물을 증축하기도 했습니다.

진행자

슈타이너가 직접 교단에 서거나 가르치기도 했습니까?

고야스

반의 담임으로 항상 상주하지는 않았지만, 자주 학교에 왔고 때때로 아이들을 가르치기는 했던 모양입니다. 교원 회의에는 열정적으로 참가했습니다. 그 기록이 『자유 발도르프 학교의 교원 회의 1919~1924』라는 세 권의 책으로 남아 있습니다. 그 밖에 『발도르프 학교와 루돌프 슈타이너』라는 제목의 강연집에다 연설 기록도 남아 있습니다.

진행자

젊은 시절 가정교사를 하면서 뇌수종에 걸린 아이를 가르친 적이 있는데, 놀랍게도 병이 치유되었다고 들었습니다만.

고야스

맞습니다. 학생 시절에 열 살 소년의 가정교사를 맡았습니다. 뇌수종을 앓고 있던 그 아이는 슈타이너가 전적으로 교육을 맡으면서 순식간에 보통 아이와 같은 능력을 발휘했다고 합니다. 처음에는 전문의로부터 취학 불가 판정까지 받았지만, 그 판정을 비웃기라도 하듯, 아이는 자라서 의사가 되었습니다. 안타깝게도 제1차 세계 대전 때 전사하고 말았습니다만. 이때의 경험이 뒷날 그가 교육론을 완성하는 데 기초 요소가 되었습니다.

진행자

나치 시대에 슈타이너 학교는 어떻게 되었습니까?

고야스

나치 시대, 그러니까 1939년에는 대부분의 슈타이너 학교가 휴교를 했습니다. 어쩔 수 없는 일이었죠. 39년에는 독일 국내에 7개교 정도 있었는데 드레스덴을 제외한 모든 학교가 문을 닫았습니다. 드레스덴도 41년에 문을 닫게 되었지만요.

진행자

그 결정은 나치가 한 것입니까, 아니면 부모 쪽에서 결정한 겁니까?

고야스

위정자 입장에서 보면, 나치의 문화 정책을 무시하는, 아니, 완전히 부정하는 교육 내용을 도저히 용납할 수 없었겠지요.

아게마스

국가나 재계가 학교의 교육적 편성을 시도하는 것은 인간의 자유에 맡겨야 할 정신 생활을 침해하는 행위입니다. 교육을 포함한 사상의 자유가 국가적 또는 정치적 의도 아래 규제되거나 탄압되는 것은 있을 수 없는 일입니다 그런 관점을 바탕으로 세워진 학교이므로 당연히 나치와 화합할 수 없었지요.

고야스

문을 닫은 슈타이너 학교의 학생이나 선생님들은 적당히 다른 공립 초등학교에 배정되어 전입하게 되었습니다.

공립 학교 입장에서는 몇 명씩만 받아들였을 뿐인데도 너무 괴짜 아이들이 들어왔다고 당황한 것 같습니다. 어떤 교사의 회상에 따르면, 슈타이너 학교에서 온 학생들 모두 '독일은 이 전쟁에서 진다'고 했다는군요. 그런데 정말 그대로 되었잖아요. 그 일이 계기가 되어 종전 후 그 교사는 슈타이너 학교의 교사로 변신했다고 합니다. 드레스덴이 패쇄된 41년이 독일이 승승장구하던 시기였음에도 불구하고 패전을 예고했으니 무척 인상적이었던 게지요.

교수법의 실제

고야스

『보편적 인간학』, 『교수법의 실제』, 『제미나르 문답』 이상 세 권은 강연집입니다.

에밀 몰트의 주선으로 1919년 9월 슈타이너 학교가 설립된 당시, 슈타이너가 교사들을 대상으로 교육한 집중 오리엔테이션 강좌에서 사용한 교재입니다. 지금은 슈타이너 학교 교원 양성소가 설립되어 그곳에서 2, 3년 동안 교육을 받아야 교사 자격이 주어집니다만, 그 당시에는 그런 세미나가 없었으므로 슈타이너가 직접 2주간에 걸쳐 집중적인 교육을 실시했습니다. 최초로 슈타이너 학교의 교사가 될 사람들에게 말입니다.

오전에 『보편적 인간학』, 『교수법의 실제』에 관한 강의를 하고 오후에는 참가자들이 묻고 대답하는 형식의 『제미나르 문답』 수업을 2주 동안 진행합니다.

그 2주 동안의 수업 내용이 세 권의 책으로 정리되어 지금도 교사 지망생들의 필독서가 되고 있습니다.

『보편적 인간학』은 사실 그전에 슈타이너 사상의 근본적 출발점이라 할 수 있는 '신지학'과 지난번 말씀 드린 '세계관'에 대한 이해가 전제되지 않으면 받아들이기 어렵습니다. 어떤 의미에서는 아주 난해한 책이에요. 언젠가 독서 모임에서도 읽었지만 그런 식으로 한 번 읽어서 이해되는 책이 아닙니다. 하지만 틀림없이 교육의 기초가 되는 책이며, 인간을 어떻게 볼 것인가, 하는 문제를 다룬 책으로서 위의 세 가지 책 가운데 가장 이론적인 책입니다.

아침 아홉 시에 강연이 시작되어 오전중에 『교수법의 실제』 강의가 이어집니다. 이 시간에는 각각 『보편적 인간학』에 관한 강의 주제로부터 실제 수업 현장에서 주의해야 할 점을 연결한 내용의 강의가 이어집니다.

바로 '교육 예술—그 방법과 실제'입니다.

『보편적 인간학』에 방법적인 것이 많이 씌어져 있는가 하면, 꼭 그렇지는 않습니다. 역시 여기도 인간관에 대한 내용이 많습니다.

가끔은 피타고라스의 정리를 어떤 식으로 설명하면 좋다든가, 처음 F라는 문자를 배울 때 물고기(Fisch, 피쉬)를 활용하면 좋다든가, 하는 더 심도 있는 것도 다루고 있습니다.

이번 대담에 각각의 책 내용을 요약해서 소개하는 것은 무리인 듯하군요.

진행자

알겠습니다. 그렇다면 독서 가이드처럼 어떻게 읽으면 좋을

지를 말씀해 주시면 어떨까요.

고야스

아, 좋습니다.

아게마스

교육 예술로서의 『교수법의 실제』에서는 구체적으로 어떻게 문자를 공부할까, 하는 방법으로 그림과 포르멘이 제시됩니다. 다짜고짜 F 라는 문자부터 들어가는 것이 아니라, 먼저 물고기를 그리게 한 다음 물고기의 독일어 머리글자인 F 를 배워 가는 것입니다. 그 근거는 오전중에 배우는 『보편적 인간학』 속에 있습니다. 오전에 배우는 『보편적 인간학』과 『교수법의 실제』 그리고 오후에 배우는 『제미나르 문답』이 서로 유기적으로 조화를 이루고 있습니다. 그런데 슈타이너의 저작 가운데 『보편적 인간학』이 아마 가장 난해한 책이 아닐까 싶습니다.

그렇게 말하는 이유는 그의 다른 많은 저작이 전제되고 있고 그 전제로부터 교육 문제를 언급하고 있기 때문입니다. 그러면서도 이 책에는 오히려 가장 많은 사상적 근거가 진술되어 있습니다. 뒤에 이어지는 『교수법의 실제』 강의에서는 훨씬 구체적으로 쓰여 있습니다.

진행자

그 강의를 들은 사람들, 그러니까 처음으로 슈타이너 학교의 교사가 된 사람들은 어떤 사람들이었습니까?

고야스

　다양한 직종의 사람들입니다. 공립 학교 교사들 중에서 슈타이너의 강연을 듣고 난 뒤 마음을 정한 사람도 있었다고 하니까요.

　아게마스 씨도 말씀하셨습니다만. 인간은 육체와 영혼과 정신으로 구성되며, 정신 세계에서 영혼이라는 옷과 육체라는 집을 얻어 지상에 내려온다고 했죠.

　그것을 전제로 『보편적 인간학』의 제1강에는 아이가 어떻게 태어나는지를 매우 철저하고 엄숙하게 설명하고 있습니

문자 F를 배울 때 물고기 그림을 활용한다. (Formenzeichnen에 수록된 그림)

다. 정신 세계에서 지상에 내려온 아이를 맞이하는 교육자의 의식을 가르치고 있습니다. "이 아이는 이 세계에 내려오기 전에 정신 세계에서 다른 정신적 존재들로부터 교육받고 내려온다. 태어나기 전부터 받은 교육을 잘 계승하여 지상에 내려온 아이들에게 가르치는 것이 우리 교육자의 몫이다. 어른은 그런 의식을 갖고 아이들을 맞이해야 한다." 그것이 첫날의 강의입니다.

다음 시간인 『교수법의 실제』 과목에서는 초등학교에 입학한 아이가 수업 첫째 날에 접하게 되는 문자, 수, 그림이나 음악 같은 예술 분야, 이 세 분야의 내용을 배웁니다. 넓게 보아서 그 세 분야가 각각 무엇인가를 설명하고 있지요. 요컨대 정신 세계와 직결되는 것은 '예술'이라고 합니다. 예술 교육을 할 때는 정신 세계와 연관된다는 것을 명심해야 한다고 가르칩니다.

그에 비해 '문자'라는 것은, 지상에 내려와서 생활을 하는 이상, 사람 사이에 통용되는 하나의 약속이자 습관입니다. 예를 들어, '콘벤션'이라는 영어에 해당하는 독일어가 있으며, 필요에 의해 사람은 문자를 배워야 합니다. '수'라는 것은 문자와 예술의 중간 정도에 위치합니다. '수'는 어떤 의미에서는 이 세상의 약속이지만, 정신 세계와 직결되는 부분도 있습니다. 그러므로 교사는 이 세 가지 사항에 대해 바르게 인식하고 수업에 임해야 한다고 설명합니다. 그것이 첫 장의 내용입니다.

진행자

그러면 한 권씩 통째로 읽는 것이 아니라 『보편적 인간학』의 첫 장을 읽고 『교수법의 실제』의 첫 장을 읽는 식으로 번갈아 읽어야겠군요.

고야스

말씀하신 그대로입니다. 지금 슈타이너 하우스에서 스터디하는 우리도 그런 방식을 따르고 있지요.

진행자

그리고 『제미나르 문답』을 읽고요.

고야스

물론이죠.

진행자

일반 독자가 『보편적 인간학』부터 읽기는 대단히 어렵다고 하셨는데 그렇다면 무엇부터 읽으면 좋을까요?

고야스

처음에 읽는 책으로는 『정신 과학의 입장에서 본 아동 교육』이 좋다고 생각합니다. 1907년, 그러니까 『보편적 인간학』보다 12년 전에 간행된 책입니다. 슈타이너도 아직 학교를 세울 것을 전제로 하지 않고 쓴 것입니다. 아이가 어떻게 해서 태어나는가, 태어나서 약 20년간 어떻게 자라는가를 살펴보고 크게 세 시기로 나눈 7년 주기 교육에 대해서 서술하고 있습니다. 이 책은 얇기도 해서 도중에 포기하지 않고 읽을 수 있을 거예요. (웃음)

아게마스

그리고 기본적인 것은 전부 나와 있습니다.

진행자

슈타이너가 쓴 책 가운데 교육에 관한 첫 번째 글입니까?

고야스

교육을 정면에서 주제로 삼은 것으로는 첫 번째입니다. 이 책의 내용을 슈타이너는 1906년쯤부터 여러 곳에서 강연했던 것 같습니다.

아게마스

슈타이너의 책은 기존의 사고 방식으로 읽어서는 이해하기 어렵습니다. 게다가 인지학의 세계에 발을 들이면 흔히 이질적인 것이 도리어 논리적으로 보이는 경우가 많습니다.

고야스

슈타이너의 책은 어느 것이나 익숙해지는 과정이 필요합니다. 일단 익숙해지고 나면 그리 어렵지 않습니다.

진행자

보통 사람은 익숙해질 때까지 얼마나 걸릴까요. 각자 성향이 다르므로 일률적으로 말할 수는 없겠지만요.

고야스

글쎄요. 딱히 말하긴 어렵지만, 어떤 전환점은 있습니다. 좀 전에 『교육 예술—교수법의 실제』 첫 부분에서 말씀 드린 문자, 수, 예술이라는 세 방면 가운데 일반인이 가장 중요하다고 생각하는 것은 무엇일까요? 만일 슈타이너 사상이 어렵다고 생각하는 사람들에게 말해 보라고 하면, 보통은 '글씨를 몰라서는 말이 안 된다, 계산도 꼭 필요하다.'라고 대답합니다. 반면 음악이나 그림은 아무래도 좋다고 생각합니다. 그런데 '실은 그 반대가 아닐까' 하고 깨닫는 순간이 있어요. 바로 그 순간이 하나의 계기가 되지 않을까요.

진행자

그렇군요. 학문과 수리에 밝아야만 출세할 수 있다는 말도 있으니까 일반인이 그렇게 생각하는 것도 일리는 있습니다.

고야스

어떤 의미에서 음악이나 그림, 오이리트미가 뭔가 근원적인 것과 직결되며 아주 중요하다는 사실을 직감적으로 느끼는 사람들은 많을 겁니다. 굳이 인지학 용어를 쓰지 않더라도 말입니다. 그리고 문자라는 것은 확실히 사회적 약속입니다.

진행자

약속이라고 하니까 이해는 갑니다만, 보통은 그렇게 생각지 않지요.

고야스

 '수'에 대해 말할 때, 계산 능력이란 것은 어쩌면 비본질적인 것일지도 모릅니다. 그러나 수 자체의 세계를 놓고 끙끙거리고 씨름할 때도 있겠지요. '12'라는 수를 여러 모로 궁리해 본다고 합시다. 그때 어떤 이유가 있어서가 아니라 어린아이는 열두 개의 물건을 네 개로 나누어 보기도 하고 세 개로 나누어 보기도 하면서 문득 마음의 안정을 찾습니다. 반대로 '13'이라는 숫자에 대해서는 좀처럼 안정되지 않는 것은 이론이나 이유 없이도 접할 수 있는 느낌입니다.

1) 파울 나토르프(Paul Natorp, 1854~1924) : 독일의 철학자. 신
   칸트 학파에 속하는 마르부르크 학파의 대표자 가운데 한 사람.
   이 학파의 창시자인 코헨의 사상을 계승하여 인식론·과학 비
   판을 과제로 함.

2) 리프크네히트(Karl August Ferdinard Liebknecht, 1871~1919)
   : 독일의 혁명가. 공산주의자. 빌헬름 리프크네히트의 아들로 마
   르크스주의의 원칙을 고수하면서 제1차 세계 대전을 반대하고
   독일 공산당의 전신인 스파르타쿠스단을 조직했다. 1916년 투
   옥되어 1918년 해방 후 우익 장교에게 학살됨.

3) 로자 룩셈부르크(Rosa Luxemburg, 1870~1919) : 폴란드 출신
   독일의 혁명가이자 경제학자. 사회주의 혁명의 불가피성을 옹
   호하며 리프크네히트와 함께 스파르타쿠스단을 조직했다. 독일
   의 11월 혁명을 이끌었으나 반혁명군에게 무참히 살해당함.

4) <슈피겔>지 : 독일의 대표적인 뉴스 주간지. 미국의 타임지, 뉴
   스위크지와 비슷하지만 그보다 자유롭다. 정치·경제에 대한 비
   판적인 보도로 유명하다.

5) 아비투어(Abitur) : 독일 고교 졸업 증명 겸 대학 입학 자격을
   얻기 위한 시험. 아비투어는 평생 통용되며, 이것을 가지고 있
   으면 언제라도 대학의 정규 학생이 될 수 있다.

제6장
일본 슈타이너 운동의 현상

수직과 수평이 교차하는 4변 대칭 포르멘
정적인 그림을 위한 연습을 통해서 오히려 역동적인 '출발점'을 표현한다.
정형의 포르멘에서 점차 자유로운 포르멘에 이르는 전 단계이다.

슈타이너 하우스

진행자

일본 슈타이너 하우스의 프로그램은 어떤 식으로 구성되어 있는지 궁금합니다.

고야스

프로그램은 스스로 만들도록 되어 있습니다. 왜냐하면 여기는 일종의 어른을 위한 학교이니까요. 슈타이너 하우스는 요즘 한 달에 30일 중 거의 20일 정도는 저녁에 자리가 찹니다. 저녁에 비는 날을 찾기가 힘들 정도입니다. 무슨 스터디든 모임이 있으니까요.

『보편적 인간학』을 읽는 스터디가 한 달에 한 번, 『신지학』을 읽는 스터디가 한 달에 한 번, 『사회 문제의 핵심』을 읽는 모임이 한 달에 한 번 열립니다. 일일이 열거하지는 못하지만 여러 가지 책을 읽는 스터디가 한 달에 한두 번씩 있고 일요일 오후나 낮 시간을 이용한 독서회도 두서너 개 있습니다. 그 밖에 매주 오이리트미를 배우는 반도 몇 개 있고……. 이 모임은 문화 센터 같은 다른 장소에서 이루어지는 경우가 많지요. 하지만 슈타이너 하우스의 굳건한 기둥인 아게마스 에스코 씨의 지도 아래 이루어지고 있기 때문에,

우리는 다른 곳에서 열리는 오이리트미 코스도 슈타이너 하우스의 스터디로 인정합니다.

또 그림 공부가 월 2회, 포르멘 그리기 공부가 월 2회, 사무 협의회가 한 달에 몇 번 열립니다. 그리고 보통 단체에서 흔히 말하는 이사회 같은 회의도 매달 열립니다.

진행자

예의 그 삼지적 구조이군요.

고야스

그렇습니다. 삼지적 구조입니다. '자발적 모임'이라고 부르는데, 슈타이너 하우스의 활동과 운영에 책임을 지려고 결심하는 사람은 누구라도 참가할 수 있습니다.

스무 명 정도가 매달 모이죠. 다음달 스케줄을 짜거나 여름에 무엇을 할 것인지, 독일에서 이런 편지가 왔는데 어떻게 할 것인지, 새 스터디를 4월부터 시작했으면 한다든지 등등을 이야기합니다. 또 유학 가는 이들을 위한 송별회와 독일에서 교원 양성 또는 오이리트미스트 자격을 따고 귀국하는 이들의 환영회 등을 의논합니다.

진행자

어학 관련 스터디도 있습니까?

고야스

매주 한 번씩 초급 독일어 스터디가 열립니다. 중급 독일어 스터디에서는 최근 '슈타이너 학교에서 동화를 교재로 쓸 때 어떻게 다룰 것인가' 하는 자료가 나와서 그것을 읽고 있지요. 상급 독일어 스터디에서는 슈타이너의 『자유의 철학』을 원서로 읽기 시작했습니다.

진행자

그럼 스터디에서는 구체적으로 어떤 것을 합니까?

고야스

슈타이너 학교나 유치원에서 가르치는 그림 그리기가 역시 독특하므로 참고서를 따라 다같이 실습합니다.

진행자

슈타이너 학교의 학생들이 그리듯이 그림을 실제로 그려 보는 겁니까?

고야스

네. 어른의 경우와 아이의 경우가 엄밀하게 말하면 다릅니다만, 대강 비슷하다고 보면 됩니다. 그림이라기보다 색채의 본질을 배우는 모임이라고 해야 맞을 것 같군요.

진행자

듣고 보니 스케줄이 빡빡하군요.

고야스

사실입니다. 슈타이너 하우스의 현관 옆에 그 달의 일정표가 붙어 있으니까 한번 보세요. 그것을 보고 회원들은 결정하니다. 그 중 하나에만 참가할지, 두 곳에 참가할지, 매일 모임마다 참가할지. 선택은 자유입니다. 우선 어떤 계기로 슈타이너 하우스에 오게 되었다고 합시다. 처음 참가하는 사람은 첫째 주 토요일에 나오도록 되어 있습니다. 그날 기존 회원들과의 첫 만남이 이루어집니다. 그러고 나면 바로 가입할지, 좀 나중에 가입할지 고민하는 사람들이 나옵니다. 또 가입한 사람 중에는 하고 싶은 스터디를 결정하자마자 다음날부터 매일 나오는 사람도 있고 한 달에 한두 번만 참가하는 사람도 있습니다. 우선은 가입해 놓고 부정기적으로 참가하는 사람도 있어요. 참가 방법은 여러 가지입니다.

적극적인 사람을 예로 들면, 시코쿠나 호쿠리쿠, 규슈 등지에서 오랫동안 초등학교 교사나 유치원 교사를 하던 사람들입니다.

어떤 계기로 '슈타이너 교육 사상'을 접한 뒤 직장까지 그만두고 슈타이너 하우스에 오는 사람이 있습니다. 그런 사람들은 일까지 내던지고 왔으니까 매일매일 스터디에 나옵니다. 낮에는 시간제 아르바이트를 하고 스터디에는 꼬박꼬박 참석하다 보면, 어느 사이엔가 슈타이너 하우스의 사무적인 일에도 적극적으로 참여합니다. 머잖아 아예 없어서는 안 되는 기둥 역할을 하게 되지요. 그렇게 1년 정도 지났나 싶으면 다음은 독일이나 스위스로 공부하러 떠납니다. 올해도 그런 사람이 네 명, 아니, 다섯 명이나 있습니다.

진행자

선생님의 책이 많은 계기가 되었겠군요. 이론적으로 어려운
책이 계기가 되었다기보다는요…….

고야스

아니오. 어려운 책이 계기가 된 사람도 있을 겁니다. 오이리
트미가 계기가 된 사람도 있을 테고. 좀 전에 말했듯이 오이
리트미는 슈타이너 하우스뿐만 아니라 문화 센터 또는 그 밖
의 열린 장소에서도 이루어지고 있어요. 슈타이너에 대해서
아예 모르고 접했던 사람들이 슈타이너 하우스를 찾아오는
경우도 있습니다.

진행자

오이리트미의 실제 강습에 문화 센터가 어느 정도 이용되겠
군요.

고야스

네. 아게마스 에스코 씨가 신주쿠 문화 센터에서 세 클래스,
다치가와 문화 센터와 이번에 새로 생긴 후지사와 문화 센
터에 각각 한 클래스를 가르치고 있지요. 여름에는 요코하마
에서도 의뢰가 들어온 모양이에요. 그리고 슈타이너 하우스
에서는 성인반 하나와 아동반이 두 개 정도 진행됩니다. 그
밖에 후나바시 세이부 커뮤니티 컬리지나 오쿠라야마 기념

관 같은 장소를 미리 빌리고 사람들까지 모아 놓은 다음에 의뢰해 오는 팀도 있습니다. 에스코 씨는 인기가 너무 많아서 고달프답니다. (웃음)

다행히 이번에 젊은 오이리트미스트가 두 명 들어와서 나고야, 도요하시, 하마마스, 쿄한신, 마스에 등지에서 인기를 끌고 있습니다.

진행자

아이를 위한 오이리트미 레슨과 성인을 위한 레슨은 많이 다릅니까? 오이리트미를 받아들이는 자세도 다를 것 같은데요.

고야스

꼭 그렇지는 않습니다만, 음악이든 그림이든 전문 학교에서 성인에게 가르치는 것과 초등학교 아이들에게 기초를 가르치는 방법이 다르지 않겠습니까. 오이리트미도 마찬가지입니다. 성인이 오이리트미를 배울 때에는 왜 이런 동작을 하는가를 많이 의식하도록 합니다. 반면 아이들에게 가르칠 때에는 좀 다릅니다. 그런 의식이 중요한 요소이긴 해도, 왜 이렇게 움직이는 걸까, 방금 한 동작이 왜 틀리는 걸까, 하는 것을 의식하게끔 하기보다는 동작을 자연스럽게 받아들이도록 지도합니다. 성인이라면 수평으로 손을 벌릴 때도 "이 손가락에서 끊어지면 그것은 육체적인 수평선일 뿐이다. 그러나 육체를 뛰어넘는 수평의 움직임은 여기서 끊기지 않는다."

라고 주의를 줍니다.

아이들에게는 그렇게까지 말하지 않아요. 물론 가르치는 선생님의 역량이겠지만. 좀더 다른 이야기를 하면서 아이의 동작이 여기서 멈추어지지 않도록 이끌어 갑니다.

진행자

만약 성인인 제가 이렇게 팔을 펴고 속으로 '난 그저 팔만 뻗고 있을 뿐이다.'라고 생각한다면 다른 사람이 곁에서 보고도 바로 알 수 있습니까?

고야스

물론 알 수 있지요. 오이리트미스트라면 분명히 알 수 있는 겁니다. 오싹할 정도예요. "여기서 끊어져 있어요."라고 에스코 씨가 바로 지적해 주거든요. 그래서 다시 의식을 하면 "아, 많이 좋아졌어요."라고 합니다.

완전한 수평 동작이나 수직 동작을 매번 해야 하지만 조금이라도 올리거나 내리거나 또는 비뚤어져 있으면 지적을 받습니다. 지적받지 않기 위해 모두들 다짐할지도 모릅니다. '거울 앞에서 연습해 가야지.' 그러나 그런 연습은 효과적이지 않습니다. 거울 앞에서 연습을 해 가도 선생님은 바로 짚어 냅니다. 외부에서 억지로 갖다 붙인 수평이기 때문이죠. 오이리트미에서는 의식이 거울 역할을 해야 합니다. 의식적으로 수평, 수직 또는 30도의 동작을 만들어야 한다는 말입니다.

　계속하다 보면 여러 의미에서 거짓은 드러나게 마련입니다. 외부에서 억지로 갖다 붙인 동작인지 내부에서 저절로 우러나온 동작인지 금방 보이거든요. 아주 무섭습니다.

　지난 주와 이번 주에 받은 수업 이야기를 하지요. 선생님이 갑자기 "우선 육체적으로 완전히 곧은 수평을 만드세요."라고 했습니다. 이제까지 오이리트미에서는 '육체를 초월하세요.'라든가 '육체적인 동작은 안 됩니다.'라고 했거든요. 그런데 갑자기 육체적으로 곧은 수평이 되게 하라니 될 리가 있나요. 엉망진창이란 소리를 들었지 뭐예요.

　가능한 한 육체적으로 곧은 수평이 되어 보라고 하더니 이번에는 "완전히 육체적이지 않은 수평을 만드세요."라고 했습니다. 그러자 정말로 거기서 뭔가가 다르다는 것을 느낄 수 있었습니다. 어느 쪽도 완벽하게 되지 않는 어중간한 상태란 것을 알게 된 셈입니다.

슈타이너 학교 실현에 대한 전망

진행자

고야스 선생님의 책에도 잠깐 나오지만, 일본에서 슈타이너 학교의 전망이나 장래는 지금 어떻습니까?

고야스

학교를 만들자는 말들을 사람들은 쉽게 하지요.

진행자

돈을 투자하겠다는 이야기도 있습니까?

고야스

아니오. "땅이 있습니다."라는 전화가 걸려 온 적도 있었지만, 받아들인 적은 아직까지 한 번도 없습니다.

진행자

지금 시점에서도 언제쯤 실현시켜야겠다는 생각은 전혀 없습니까?

고야스

먼저 제 개인적인 심경의 변화를 말씀 드릴게요. 처음에는 이런 학교가 세상에 있다는 사실에 조금은 흥분하여 언제고 일본에도 이런 학교가 생겼으면 좋겠다고 막연하게 꿈꾸었습니다.

점차 공부해 나가면서 배경에 이 정도로 대단한 사상이 있었다니, 역시 하루아침에는 도저히 이룰 수 없겠구나 싶었죠. 단지 만들고 싶다는 초조한 마음만 품고 시작한다면 전혀 다른 형태가 나오고 말리라는 생각이 들었습니다. 오로지 인지학 공부에만 매달렸습니다. 그러자 공부를 하면 할수록 이상하게 학교를 만들고 싶다는 마음이 없어지더군요.

제 성격 탓인지 그 학교에 관한 글을 쓰는 것은 할 만해도, 앞에 나서서 현실적으로 활동할 엄두는 내지 못했습니다. 그런 생각에는 변함없었지요. 다만 제 책을 읽은 독자들이나 관계자들 사이에서 '만들고 싶다, 만듭시다.'라는 의견이 나왔을 때, '정말로 만들고 싶은 마음이 있으면 그보다 먼저 함께 공부합시다.'라고 설득했지요. 그리고 실제로 학교가 만들어지려면 꽤 시간이 더 걸리겠다고 짐작했습니다. 최근까지도 오로지 사상 그 자체에만 몰두하고 싶었어요. 학교를 만들겠다는 생각 자체를 실은 잠시 잊고 있었습니다.

그런데 이렇게 만난 사람들끼리 지금의 슈타이너 하우스를 만들었어요. 5년 전 일이죠. 슈타이너 하우스가 지금은 대단히 유기적인 공동체로서 활동하고 있지만, 처음 생겼을 때만 해도 아무 슬로건도 없었고 구체적인 계획이라든가 일정표조차 없었어요. 여하튼 '공부하자'는 취지만으로 시작되었습니다. 그 결과, 5년 동안 몇 가지 사회적인 활동을 벌였습니다. 어떤 때는 수십 명 단위의 소규모 강습회을 열기도 했고, 150~160명이 단체 합숙을 하기도 했습니다. 공개 강연회를 열기도 했지요.

가장 최근에 열린 '오이리트미 87'이라는 전국적인 행사를 통해 올해 1월에서 2월까지 2천여 명의 사람들이 함께 모였습니다. 오늘 밤 '자발적 모임'에서 중간 보고가 있겠지만, 이미 오늘 오전중에 제가 다녀와서 간단한 보고서를 작성해 두었습니다. 사실 처음에는 밑져야 본전이라는 심정으로 적자가 날 거라고 각오까지 했습니다만, 아무래도 그렇지는 않을 것 같습니다. (웃음) 좀 신기하다는 생각을 하면서 이 자리에 나왔습니다.

그런 행사들을 해 오면서 나름대로 사회적으로 뭔가를 하고 있다는 인식을 스스로들 하고 있는 것 같습니다.

한편으로 어떻게 해서라도 자녀들에게 슈타이너 교육을 받게 하려는 부모가 회원들 중에서 나오고 있습니다. 그런 요구들을 성실하게 받아들여야겠다는 생각을 요즘 들어 하게 되었습니다. 하지만 이건 제가 처음에 품었던 '학교를 만들고 싶다'는 막연한 꿈과는 전혀 다릅니다. 저 개인적으로 계속 망설이고 도망치기만 하는 것은 비겁하지 않느냐, 하는 냉정한 인식에 눈을 뜬 것인지도 모릅니다. 어쩌면 제 자신이 그 동안 학교라는 것을 잊을 정도로 공부에 너무 빠져 있다가 새삼스럽게 깨닫게 되었다고 할까요. 나의 과제이자 슈타이너 하우스의 과제가 아닐까 싶습니다.

진행자

현재 일본인으로 슈타이너 학교에 다니는 학생 수는 어느 정도입니까?

고야스

몇 명인지는 정확히 모르겠지만 제법 있는 것 같습니다. 개인적으로 알고 있는 경우만도 열 명이 훨씬 넘습니다.

진행자

아, 그렇군요. 그럼 아이를 슈타이너 학교에 입학시키려고 독일에 가는 것입니까?

고야스

아닙니다. 여러 경우가 있습니다. 독일로 유학 가는 사람들 중에 이미 가정을 가지고 있는 경우, 아이와 함께 독일에 가서 아이를 슈타이너 학교에 보내는 경우 등등. 중학교 2학년쯤 된 자녀만 독일로 보낸 학부모도 있지요.

진행자

앞서도 잠깐 나온 이야기지만, 슈타이너 학교를 만들 경우 걸림돌은 역시 법률이겠군요.

아게마스

'슈타이너 교육이 훌륭하니까 슈타이너 학교를 만들자'는 식의 감정만으로 섣불리 학교를 만들 수는 없습니다. 현실적으로 여러 가지를 꼼꼼히 따져 봐야 하는 데다 실제로 이를 실천한다는 것은 무거운 책임이 뒤따르는 일입니다.

조금 전 이야기에서 『보편적 인간학』을 비롯한 슈타이너의 교육 사상이 상당히 어렵다는 인상을 가질지도 모릅니다. 그러나 아이의 성장과 발전을 응시하고, '인간이란 무엇인가' 또는 '어린이는 어떤 존재인가' 하는 본질을 파고드는 일로부터 각각의 성장과 발전에 맞는 교육 방법이 자연스럽게 나온다는 발상에서 본다면, 어렵지도 않습니다. 아이의 성장과 발전에 어울리는 교육을 아주 자연스럽게 실천하는 것이니까요. 그런데 현장 교육에서는 반대의 일이 너무 자주 일어나고 있습니다. 유치원에서 초등학교, 중학교로 진학하는 과정에서 아이들이 조금씩 성장하고 개념적인 것을 가르칠 수 있는 단계가 되어서야 적절한 것을 가르쳐야 하는데, 실제로는 그 반대인 것이죠.

우선 어린아이가 태어나서 처음 받는 유아 교육은 아이의 의지를 키우는 역할을 합니다. 초등학교 교육은 감정을 키워 주고, 다음으로 지적, 개념적인 이해력이 자라고 나면 개념적으로 이해할 수 있는 방향으로 이끌어 가는 것이 중요합니다.

결코 어려운 일이 아니고 오히려 대단히 논리적인 일이라

할 수 있습니다. 이렇게 인간이 본래 가지고 있는 사고의 세계, 감정의 세계, 의지의 세계를 바람직한 형태로 지도하여 성장·발전시켜 가는 과정이 슈타이너 교육입니다. 이를 일본에서 현실화시킬 경우, 풍토, 토양, 공간이 다르므로 유럽의 교육 운동을 그대로 받아들일 수 없을 겁니다. 당연히 제로에서부터 새롭게 만들어 내야 합니다.

슈타이너의 많은 책들 곳곳에 참고와 힌트가 있기는 하지만, 그런 것들을 살리면서도 예술가처럼 모든 것을 새롭게 만들어 내지 않으면 안 된다는 말입니다.

그러므로 교육 기술이 아니라 진실한 의미에서의 예술로써, 교사는 진정한 예술가가 되어야 한다고 생각합니다.

한편 현실적으로 자녀를 슈타이너 학교에 입학시키고 싶어하는 부모들의 요청에 부응할 필요도 있겠지요.

아무 전제가 없다면, 부응할 수 없고 부응해서도 안 되는 일입니다. 책임지고 진실한 교육을 할 수 있다는 전제가 있어야만 가능한 일이니까요.

그렇게 하기 위해서는 슈타이너 학교에서 아이를 가르칠 수 있는 자격과 실적을 가진 교사를 육성해야 합니다.

1학년을 받아들일 경우, 담임 교사는 이미 발도르프 교육 방법에 익숙해 있어야 하며, 그것도 한 사람으로는 충분하지 않습니다. 1학년을 맡아도 다음해에는 바로 그해의 1학년생이 들어오고, 각각의 담임들은 아이들을 좇아 학년마다 함께 올라가며 8년 동안 계속해서 지켜보아야 합니다.

슈타이너 하우스에서 함께 공부하는 식구들 가운데 교원 자격을 따고 돌아온 사람이 두 명 있습니다. 세 번째, 네 번째도 예정되어 있습니다.

환경이 이제야 비로소 현실적으로 책임을 다할 수 있는 단계로 성장한 셈입니다.

진행자

슈타이너 학교의 교원 자격이란 것을 독일에서는 어떤 식으로 취득할 수 있습니까?

고야스

교원 양성 학교가 몇 곳인가 있습니다. 독일, 스위스, 오스트리아, 그 밖의 나라에도 있지만 독일어권에서는 이 3개국을 합쳐서 열 군데 정도 있습니다. 1년 과정도 있고 2년, 3년 과정도 있습니다. 기간이 가장 긴 4년 과정까지 있습니다. 그 중에서 지원자들이 양성 학교 선생님과 상담해서 "저는 여기가 괜찮다고 생각하는데 어떻습니까?"라고 하면 "네, 좋습니다. 가세요."라든가 "아뇨, 당신은 다른 도시에 있는 4년 과정의 학교가 좋겠습니다."라든가 "당신은 이미 교사 경험도 있고 독일어도 능숙하니까 1년짜리 속성 과정이 괜찮을 거예요."라고 답해 줍니다. 정해진 기간 동안 공부를 해서 면허증 같은 것을 받지요. 그것이 일종의 자격입니다.

다만 그런 졸업 증서가 절대적으로 필요한 것은 아닙니다. 특히 상급 학교 전문 교사일 경우에는요. 마침 자연 과학자로서 슈타이너의 인지학 사상에 해박한 사람이 있다고 합시다. 그러면 그분에게 부탁해서 상급 과정의 물리, 화학을 맡기기도 합니다. 또 프랑스에서 온 부인이 슈타이너 추종자라고 하면 그분에게 프랑스 어 전문 교사직을 맡기는 경우도 얼마든지 있습니다.

진행자

슈타이너 학교 출신 교사들이 상대적으로 많겠군요.

고야스

그렇다고만은 볼 수 없습니다. 그 점은 학교가 하나의 폐쇄된 세계가 되지 않기 위해서도 좋은 점이라고 생각합니다. 졸업생이 사회 활동을 하는 비율뿐만이 아니라 반대로 다른 사회에서 슈타이너 학교의 교사가 되거나 그 학교로 아이를 보내는 부모들의 비율이 서로 증가한다는 것은 바람직한 일입니다. 학교 측도 그런 의식을 분명히 가지고 있습니다.

슈타이너 학교의 건축

진행자

학교 건축에 대해서 알고 싶습니다만. 아게마스 선생님은 슈타이너 학교의 건축물을 많이 보셨습니까?

아게마스

많이 봤습니다.

진행자

보통 학교의 건축과는 많이 다릅니까?

아게마스

공립 학교 건축과는 많이 다릅니다. 다시 말하면 학교 건축이란 그 안에서 행해지는 교육 이념과 한몸을 이루어야 한다고 생각합니다. 교육 내용에 부응하는 건축이라야 한다는 뜻입니다. 저학년에서 고학년으로 올라가는 아이들의 성장과 발전 과정이 그대로 건축에 반영되고 건축에 그것이 표현되는 것이죠.

특히 유치원 건축을 포함한 첫 번째 7년기의 건축과 다음 7년기인 초등학교 건축과 그 이후 일반 중학교에서 고등학교에 해당하는 이르는 시기의 학교 건축은 각각 다른 것이 당연합니다.

그림1) 1학년부터 12학년의 교실 평면도(하이덴하임 발도르프 학교)

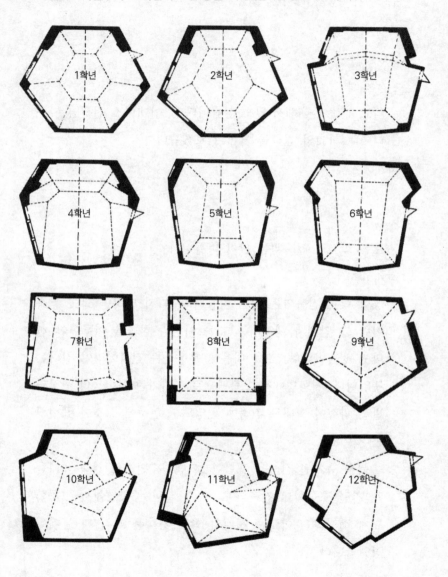

지금까지는 표준 타입의 상자형 학교 건축이 대부분이었지만, 일본에서도 최근 교육 공간을 여유롭게 하자고 생각을 전환하는 경우가 많습니다. 서독 하이덴하임의 슈타이너 학교를 예로 들자면 유치원 보육실과 1학년(237쪽 참조)에서 12학년까지의 교실 모양이 모두 다릅니다. 마치 감싸 안는 듯한 곡면의 공간에서 차차 다면적이고 다각적인 공간으로 변해 갑니다.

　　각각 교실의 내부는 아이를 둘러싸는 공간이므로, 유아 교육에 맞는 내부 공간과 고학년 교육에 어울리는 내부 공간은 자연히 달라지겠지요. 교실 내부의 벽 색깔도 각각 다릅니다. 1, 2학년 저학년 반의 경우에는 붉은색 계통입니다. 그 안에서 아이들이 받는 교육, 그러니까 동화의 세계와 어울리는 색이죠. 벽 색깔이 조금씩 오렌지색으로 변해 가면서 아이들은 위인들의 이야기를 듣습니다. 그 다음에는 노란색이 되거나 거기에 차가운 색이 섞여 녹색이 되는데 그때쯤에는 수학 중에서도 분수를 익힙니다. 박물학을 가르치는 시점이 되면서 벽 색깔은 점점 녹색이 됩니다. 벽색깔이 더욱 파랗게 되어 가는 동안 아이들은 조금씩 전문 과목을 배우게 됩니다. 8학년이 지나면 개념적인 것을 이해할 수 있게 되지요. 역사나 물리, 화학을 배우면서 색깔이 파란색으로 바뀝니다. 블루 계통의 차가운 세계로 들어가는 것이죠.

마지막으로 12학년쯤에는 다시 한 번 발그스름한 처음의 빛깔로 되돌아가 보라색에서 장미색으로 변합니다. 그에 따라 전인 교육의 '원'이 완결되고 아이들은 자유스러운 교육을 받은 성인으로서 사회에 발을 내디딜 수 있게 됩니다. 학교는 아이들이 자신의 직업과 진로를 스스로 자유롭게 결정할 수 있는 단계까지 이끌어 사회에 내보냅니다.

그러한 교육의 전 과정이 건축 내부 공간에 나타납니다. 그것이 색채뿐만 아니라 조형과 소재에서, 경우에 따라서는 교실의 형태까지 변화하는 이유입니다.

그 속에서 다루어지는 교육 내용에 부응하는 건축이 요구된다고 말할 수 있습니다.

진행자

내부는 학교에 따라 각각 다릅니까?

아게마스

다릅니다. 지방에 따라서도 나라에 따라서도 달라요. 영국은 영국식으로 하니까, 독일과는 전혀 다르고 미국과도 다릅니다. 일본에서는 당연히 또 다른 형태가 나오겠지요.

진행자

슈타이너 학교를 현실화하려면 그런 것도 생각해야 하는군요.

아게마스

그렇습니다.

진행자

한 학급은 몇 명 정도입니까?

고야스

독일은 지금 한 반에 34명이라는 정원이 법률로 정해졌기 때문에 그 이상 받아들이면 안 되는 걸로 알고 있습니다.

진행자

어느 학교라도 같습니까?

고야스

네, 적어도 바이에른 주의 법률에 따르는 학교는요. 그러나 슈타이너 학교에는 실제로 인원이 40명쯤 되는 반이 많습니다. 35명 정도가 이상적이라고도 하지만, 슈타이너 학교에서는 모든 면에서 '이건 절대 안 된다'는 규칙이나 원칙을 두지 않아요. 정말로 이 학교를 필요로 하는 아이라고 판단하면 역시 받아들입니다. 그런 사례가 많은 탓에 40명을 넘은 반이 꽤 있습니다.

그런데 작년인가 재작년인가 교육부가 모든 학교에 대해서 정원 34명을 절대 준수하라는 지시가 내려와서 난처해하고 있다는 이야기를 들었습니다.

아게마스

일본은 정원이 40명인데 실제로는 38명이나 36명으로 줄어드는 추세입니다.

고야스

줄이는 추세죠.

진행자

요즘은 아이들의 수가 줄어서 그에 맞추어 학급의 정원을 줄이고 있습니다. 그렇다고 교사 수를 줄일 수는 없으니까요. 마침 좋은 계기로 정원 40명을 목표로 하는 단계에 이르렀습니다.

아이가 통찰할 수 있는 세계

고야스

학생 수만큼 중요한 것은 한 학교가 한 학년에 두 학급밖에 만들지 않는다는 것입니다. 슈타이너 학교라면 다 마찬가지입니다.

진행자

규모가 큰 학교는 없다는 말씀이군요.

고야스

사실은 각 학년에 한 반씩이 바람직합니다만 두 반 정도는 그래도 괜찮다는 것입니다. 왜냐하면 아이들이 자기가 속한 세계 전체를 한눈에 보고 통찰할 수 있어야 하니까요. 그 점이 대단히 중요합니다. 유치원이라면 규모가 더 작아서 한 반마다 12명쯤으로 네 반 정도만 있다고 합니다. 저야 유치원에 관해서는 잘 모르지만요. 학교는 한 반에 인원 수가 40명이 넘는다고 해도 두 반까지만 둡니다.

진행자

그렇다면 학교 전체로는…….

고야스

12학년까지 있으니까…….

아게마스

총 24개 학급이로군요, 그래도.

고야스

예, 학생 수는 900명 정도가 됩니다. 뮌헨 같은 아주 큰 학교는요.

아게마스

큰 편이지요.

진행자

아이들이 자신의 세계를 통찰한다는 것이 학교 전체를 통찰한다는 뜻입니까?

고야스

맞습니다. 같은 또래 세계에서 한 학년이 6, 7개 반이나 있다면, 아이들은 자기 자신이 많은 사람들 중 한 사람에 불과하다고 느끼게 되지 않을까요. 아이 입장에서는요.

진행자

선생님들도 그와 같은 생각이겠군요.

고야스

그런데 슈타이너 학교에서는 아이들이 학교에 다니기 시작해서 얼마 안 되었는데도 선생님들은 이미 아이들 한 명 한 명의 이름을 모두 기억합니다. 거의 불가사의할 정도죠.

　아이들 쪽에서는 놀랄 수밖에요. 상급 학년 선생님인 데다 자신은 그 선생님 이름도 모르는데 어느새 그 선생님이 자기 이름을 정확히 불러 주니까요. 슈타이너 학교 선생님들은 아주 작은 노력부터 실천하고 있습니다.

집에 있을 때 아이들은 다른 사람들이 자신에 대해서 당연히 알고 있다고 생각합니다. 학교에 가서도 여기 있는 모든 사람들이 자신에 대해서 알고 있다고 느끼는 것이 오히려 안정감을 주는 거지요. 그것은 상당히 중요합니다. 슈타이너 학교에서 교육받는 학생들이 유치원에서부터 성인이 되어 가는 긴 과정에서, 중요한 목적은 전체 속에 있는 아이가 한 사람의 몫을 찾아 독립하게끔 하는 것입니다. 대개 20세 전후가 됩니다만. 그때 갑자기 어떤 시점에서 "너는 한 사람의 성인이야" 하고 밖으로 내던져지는 것이 아니라 그 전체에 감싸 안겨 있다가 천천히 독립된 존재로 갈라져 나오는 것입니다. 그 과정이 서서히 이루어지지 않으면 불안정하고 부자연스러운 일도 생기겠지요. 그러므로 전체와 연결되어 있다는 느낌을 잃지 않게 하려는 배려가 학교 안 곳곳에 숨어 있습니다.

예를 들어, 유치원 방에 가면 부드러운 천으로 된 작은 텐트 같은 덮개가 하나 있습니다. 그 안에 몇 명이 한꺼번에 들어갈 수도 있어요. 들어가고 싶으면 들어가고 나오고 싶으면 나오는 거죠. 아이들이 아주 좋아하는 놀이 방식입니다.

초등학교 1학년들이 연극 같은 것을 할 때도 한 사람이 한 역할을 맡지 않아요. 왕과 왕비와 공주 역할이 있으면 왕을 다섯 명, 왕비를 다섯 명, 공주를 다섯 명이 동시에 맡습니다. 여러 명이 한 역할을 합창하는 방식으로 대사를 읽게 합니다. 그리고 나서 조금씩 조금씩 한 사람이 한 역할을 맡는 식으로 분화해 나갑니다.

노래도 마찬가지여서 일단 모두 함께 부릅니다. 독창은 시간이 지날 때마다 조금씩 시킵니다. 1학년 때부터 독창을 시키지 않는 작은 배려가 아이에게는 전체라는 세계에서 보호받고 있다는 느낌을 줍니다. 혼자서 갑자기 밖으로 내던져지지 않는다는 일종의 탯줄 같은 관계를 느끼게 해 주는 거죠.

그런 관점에서 본다면 양말을 몇 센티미터로 맞추라는 것은 그리 좋은 방법이 아닙니다. 아이들을 수많은 동일한 물건의 일부로 취급하는 것이니까요. 각각의 양말 색깔이 다르고 머리카락 길이가 다르다고 인정하는 것이 중요합니다.

진행자

일본은 옛날에는 사립 학교가 어떤 의미에서 자유롭다고 알려졌었어요. 그에 비해 공립 학교는 교복을 입었죠.

그런데 요즘은 반대입니다. 공립 학교 쪽이 비교적 학부모의 의식이 높아져서 그런지 교복이라고 부르지도 않고 표준복이라고 합니다. 교복을 입지 않아도 되고 모자도 쓰지 않아도 됩니다. 오히려 공립 학교 쪽이 느슨해졌습니다.

거꾸로 사립 학교는 교복이 자랑거리가 되었습니다. 일본의 경우는 아직까지 역시 획일적이라고 할 수 있습니다. 그렇게 획일적으로 지도하면서도 한편으로는 개인의 독립을 대단히 강조합니다.

고야스

그래요. 구호로만 떠들지요.

슈타이너 교육에서 사춘기 이전의 아이에 대해서 금기시하는 것이 "스스로 생각해라, 스스로 결정해라."라고 하며 내버려 두는 것입니다. 스스로 판단하라는 것은 방금 말한 '전체'라든가 '관계'가 안정된 세계에서 아이를 갑자기 내치는 것과 다름없는 일입니다.

그러므로 8년 동안의 담임 선생님은 거기에서 당연한 권위를 인정받습니다. 아이가 선생님에게 물어볼 때 선생님은 무엇이든지 안다, 믿을 수 있다, 하고 안심을 시키는 것이 중요합니다. 이를 가리켜 무서운 권위가 아니라 '사랑받는 권위'라고 합니다.

아게마스

그런 긍정적인 의미에서 권위에 따르는 것을 충분히 경험한 사람이야말로 성장해서도 진정으로 자유롭고 창조적인 인간이 될 수 있다고 슈타이너는 말했습니다. 그렇지 못했던 사람은 자유롭고 창조적인 인간이 되지 못한다고 말입니다.

고야스

그런 경험이 없는 사람은 어른이 되어서도 더 이상 필요하지 않는 권위에 기대려고 합니다. 초등학교 시기에 자신을 감싸 주는 어른이 존재했다면 아이가 나중에 자립하는 데 어려움을 겪지 않습니다. 두 번째 7년기에 나타나는 마음의 욕구는 사실은 큰 존재에 기대고 싶고 그 존재가 자신을 지탱해 주기를 바라는 안정감입니다. 그것을 충족한 사람은 어른이 되어서 자립할 수 있지만, 그 시기에 욕구를 충족하지 못한 사람은 어른이 되어서도 자립하지 못하고 권위 있는 다른 대상을 구하고 기대려 합니다.

진행자

그런 사례가 있습니까?

고야스

얼마든지 있겠지요.

진행자

그런 인식이 일본에는 거의 없는 것 같은데요, 일찍 자립시키려고만 하지…….

아게마스

그런 교육을 오히려 이상적으로 생각하고 있어요. 어려운 수학 문제를 초등학생이 풀었다고 해서 높이 평가하는 경향이 있지요.

진행자

조기 교육의 현상도 그런 의미에서는 정말로 위험한 다리를 건너고 있다는 느낌이 드는군요. 마지막으로 현재 일본의 교육 상황이나 아이들의 모습에 관해서 몇 가지 말씀해 주십시오.

고야스

'일본의 교육'이라고 뭉뚱그려 말하기는 어렵군요. 독일의 경우도 공교육과 슈타이너 교육은 매우 다릅니다. 주입식 교육을 받은 학생과 슈타이너식 교육을 받은 학생의 차이를 직접 확인했으니까요.

아게마스

모든 경우에 전체를 소중하게 생각하는 것은 슈타이너 교육에서 중요한 요소라고 생각합니다. 교육, 사회 문제 또는 예술론에서도 모두 전체가 있고 그 전체와의 관계를 중요하게 여깁니다. 말하자면 전체 상이 언제나 존재하는 것입니다.

일반적인 자연 과학의 방법이라면, 분석부터 시작하니까 자동적으로 먼저 부분이 있고 부분이 모이면 전체가 됩니다. 그런데 슈타이너는 처음부터 전체가 있다고 말합니다.

이런 사고 방식은 현대에 특히 결핍되어 있다고 생각합니다. 슈타이너는 괴테의 자연 과학에서 그 방법론을 따왔으며, 여기에서 모든 것이 시작된다고 여겼습니다.

또 하나는 사회 문제에서도 교육 문제에서도 슈타이너가 왜 이런 것을 제안하고 철저하게 실행하려고 했을까, 하는 것입니다. 그 배경에는 역시 모든 것에 전체 상을 갖고 있고 모든 문제를 유기체로 파악하여 건전화하려는 생각이 있습니다. 건전이란 말이 일반적으로 모범적인 해답처럼 매력 없게 들릴지도 모르지만, 현대의 모든 문제는 병적으로 변했고 병적인 감각을 요구하고 있습니다. 예를 들어, 전위 예술가가 몸부림치고 있는 것처럼 보이지 않습니까. 마비된 병적인 감각이야말로 가장 현대적이라는 인상을 줄 수도 있겠지만, 슈타이너는 그보다 마땅히 있어야 할 건전한 전체 상이 언제나 존재하며, 그것에 끝없이 가까이 가려는 자세를 공고히 합니다.

그러므로 그것이 교육 문제로 나타날 때, 교육의 진정한 의미는 아이의 건전한 성장과 발전에 오로지 헌신하는 것입니다. 아이들에 대한 애정에는 절대적인 자세가 필요합니다. 정치나 경제가 미치는 영향에 따라서 달라지지 않는, 아이가 갖고 있는 전 존재를 오로지 이상향을 향해 발전시키려는 자세 말입니다.

사회 문제에 있어서도 마찬가지입니다. 혼란 상태가 닥치더라도 그것을 어떻게든 건전한 방향으로 이끌어 가고자 노력했지요. 단순한 공론이 아니라 실제로 추진할 수 있는 구체적인 방법을 제시하고 실천에 옮겼습니다.

농학에서도 지금은 자연 농법이 평가되고 있습니다만. 화학 비료가 지나칠 정도로 많이 쓰였습니다. 슈타이너는 1922, 23년 시점에 벌써 지구가 머잖아 화학적인 것 때문에 사멸할 것을 꿰뚫어 보고 건전화를 생각했던 것입니다. 그리하여 유기 농법에 관한 강의와 실천을 시작했습니다.

의학 분야를 살펴볼까요. 화학 약품으로 인한 폐해와 공해 문제는 현대에 와서 충분히 지적되고 있습니다. 그런데 슈타이너가 그런 문제를 모두 1920년대 당시 상황 속에서 예측하고 건전한 방향으로 돌리려고 온 힘을 쏟았다니, 그저 놀라울 따름입니다. 거기에는 구제라는 이념이 뿌리 깊게 자리잡고 있으며, 그 속에 일관되게 흐르는 무엇이 있다고 생각합니다. 슈타이너가 가혹한 시대 상황 속에서 이상을 실현시키기 위해 어떻게 그만큼 노력할 수 있었을까요. 전에도 말했지만, 브루노 월터는 "슈타이너를 단순한 교육자가 아니라 미래에는 인류의 교육자로서 새로이 평가하게 될 것이다."라고 썼습니다. 그 이유는 역시 슈타이너가 일생 동안 철저한 이상과 건전한 선을 추구하며 살았기 때문일 것입니다.

그 모든 것은 슈타이너가 말하는 '그리스도 충동'에서 출발했다고 볼 수 있습니다. 슈타이너에게 그리스도는 태양 정신의 힘이며 식물을 키우고 생물을 키우는 동시에 건전하게 만드는 힘입니다. 그리스도교 교의에서 나온 그리스도교론이 아닙니다. 슈타이너는 그리스도를 태양 정신 또는 태양 존재로 보는 관점에서 마태복음, 마가복음, 누가복음, 요한복음에 관한 독특한 그리스도론을 전개합니다. 그런 배경에서 탄생한 '그리스도 충동'이 모든 것의 저변에서 전체를 감싸듯이 흐르고 있다고 생각합니다.

그렇기 때문에 그만큼 철저한 교육을 실현할 수 있었다고 봅니다. 사회 문제에 관해서도 그것을 어떻게 파악할까, 하는 관점에서 사회 유기체의 건전화를 지향하는 방안이 생겨났고, 교육 문제에서도 당시 공교육의 현실 속에서 마땅히 지향해야 할 인간 교육에 대한 제안이 있었기 때문에 슈타이너 학교가 생겨났다고 봅니다.

그런 전체 상에 대한 하나의 확신 그리고 모든 것을 건전하게 만드는 태양을 향한 강렬한 의지가 모든 분야에 작용하고 있습니다. 그렇기 때문에 발도르프 교육이 전적으로 가능할 수 있었고, 그렇기 때문에 철저한 사회론이 탄생할 수 있었습니다. 다른 모든 문제에도 슈타이너는 같은 자세로 몰두했습니다. 바로 그런 점이 슈타이너를 공부하면서 언제나 감동하는 부분입니다.

교육 문제만 봐도 아이에 대한 애정이 밑바탕에 깊이 깔려 있습니다.

　기본적으로 어떤 강연집을 읽어 보아도 인간에 대한 절대적인 애정과 신뢰가 느껴집니다. 이것이 슈타이너의 가장 훌륭한 점이라고 생각합니다.

우리 아이는
발도르프 학교에 다녀요!

요헨 부스만 · 힐데가르트 부스만 지음 / 최경은 옮김
발도르프 학교에 대해 부모의 관점에서 서술하고 부모들이 어떤 기대를 가지고 이 학교로 아이를 보내는지 털어 놓은 책.

맺음말

　1919년 9월 7일, 독일 남부 슈투트가르트에서 처음으로
발도르프 학교가 설립될 당시 이를 전력으로 뒷받침한 에밀
몰트는 개교식에서 다음과 같이 말했습니다.

　"우리가 여기서 시작하는 것은 그야말로 작은 시작입니
다. 이 사명을 떠맡은 사람들의 책임은 크고 짐은 무겁습니
다. 시간이 흐르면서 각계에서 들려오는 비난의 목소리도 커
지겠지요. 그러나 우리는 우리가 얼마나 높은 목표를 지향
하고 있는지 알고 있고 또 우리의 책임을 언제나 의식하고
있습니다. 앞으로 겪게 될지 모를 모든 곤란함까지도 극복
할 수 있을 만큼 우리 속의 의지는 강하고 사상은 힘차며
용기는 한층 커질 것입니다."

　이 말은 어떤 이상이 현실화되기 위해서는 얼마나 많은
물질적, 정신적 에너지가 필요한지를 우리에게 가르쳐 줍니

다. 이렇게 해서 태어난 발도르프 학교가 오늘날 전 세계에 400개교를 헤아리고 있습니다. 그 원동력은 무엇일까요.

1919년 12월 21일 루돌프 슈타이너는 발도르프 학교를 설립하고 나서 맞은 첫 크리스마스 월례 잔치에서 학생들에게 말했습니다.

"어린이 여러분! 보세요. 지상에는 인간과는 다른 존재가 있습니다. 예를 들면, 인간의 주변에는 동물들이 있고, 그 동물들은 여러분을 부러워할지도 모릅니다. 또 여러분이 문득 하늘을 쳐다보고 날아가는 새를 보면서 '우리도 날 수 있다면……', 하고 생각할 수도 있을 겁니다. 우리 인간은 날개가 없으므로 새처럼 날 수는 없어요. 하지만 어린이 여러분! 우리는 정신적인 것을 향해 날아갈 수 있습니다. 우리도 두 개의 날개를 가지고 날 수 있습니다. 왼쪽 날개는 '부지런함'이라는 날개이고 오른쪽 날개는 '주의력'이라는 날개랍니다. 눈에는 보이지 않지만, 부지런함과 주의력이라는 두 날개는 우리가 인생을 비행할 때 유능한 사람이 될 수 있도록 해 줍니다. 우리가 부지런하고 주의 깊은 어린이로서 부지런한 선생님만 곁에 있다면 인생에서 값진 것들은 우리에게 올 것입니다."

여기에는 한 가지 선명한 이상(理想)이 살아 있습니다. 발도르프 학교 창립이라는 현실에 뿌리내린 이상, 어린이뿐만 아니라 우리도 부지런하고 주의력을 가지고 있으면 멀리 높게 날 수 있다는 것입니다.

중요한 것은 '무엇을 목표로 날 것인가' 하는 것이겠지요. 식물이 태양 빛을 받아 쑥쑥 자라는 것처럼 발도르프 교육의 이상이 일본에서도 현실로 성장하고 발전할 수 있느냐는

우리의 두 날개가 이상을 향해 얼마나 크고 높은 날갯짓을
하느냐에 달려 있습니다.

일본 슈타이너 교육의 어머니라고 말할 수 있는 고야스
미치코 여사와 대담할 기회를 가진 것은 한 사람의 건축가
로서 참으로 기쁜 일입니다. 슈타이너 교육의 실제에 대한
생생하고 구체적인 관찰 뒤에는 언제나 어떤 이상이 빛나고
있다고 느껴 왔습니다. 이 대담의 모든 것이 다카다노바바
의 루돌프 슈타이너 하우스의 활동 안에서 나왔다는 점은
우리에게 공통된 전제이며 공통된 사실입니다.

소학관(小學館)의 마스모코 요이치 씨와 쇼 기획의 스즈
키 긴이치로 씨로부터는 독자를 대신해서 적절한 질문과 귀
중한 조언을 받았습니다. 기획에서 최종 교정에 이르기까지
두 분의 뒷받침이 없었더라면 이 책은 세상의 빛을 보지 못

했을 것입니다.

　고야스 미치코 여사와 함께 두 분 모두에게 진심으로 감
사 인사를 드립니다.

1988년 2월 27일

아게마스 유우지

독일의 자존심 슈타이너 학교

타고난 천재성을 확실하게 개발하는 슈타이너 교육

고야스 미치코/임영희 · 이아야 옮김

교과서도 없고 시험도 없는 '별난' 학교인 슈타이너 학교에서 공부하는 딸아이 후미의 학교 생활을 저자는 객관적인 시선으로 그렸다. 아이 스스로 자신의 능력과 소질을 발견하고 개발하게 하는 슈타이너 학교의 창의적인 교육론을 통해 우리 교육이 나아가야 할 올바른 방향을 보여 준다.

슈타이너 학교의 참교육 이야기

스스로 자유로워질 수 있는 인간을 만드는 교육

고야스 미치코/임영희 · 이연현 옮김

"후미, 잘 돌아왔어!"

사춘기 소녀가 되어 슈타이너 학교로 다시 돌아온 후미가 중학교 과정을 밟는 모습이 담백하게 그려져 있다. 저자는, 슈타이너 교육의 독특한 교육 방법인 오이리트미나 포르멘 등을 보다 심도 있게 정리했다.

자유 발도르프 학교의 감성 교육

재능을 이끌어 내는 예술로서의 교육

고야스 미치코/임영희 옮김

귀로 듣고 직접 악기를 연주하면서 익히는 음악 교육과 문자 익히기, 수 익히기에 어울려 진행되는 신체 율동 오이리트미 교육을 통하여 예술을 지향하며 아이의 감성을 이끌어 내는 슈타이너 교육의 특성을 보여 준다.

루돌프 슈타이너를 말할 때 대안 교육의 모델로 꼽히는 자유 발도르프 학교를 빼놓을 수 없습니다. 획일적인 공교육에 반기를 들고 1919년 독일 슈투트가르트에 설립된 이래, 발도르프 학교(슈타이너 학교)는 독일의 교육 문화 상품이라는 찬사를 받고 있으며 현재 전 세계 50여 개국에 걸쳐 700개교에 이르고 있습니다.

주입식 교육이 아닌 그림과 율동, 음악 등으로 이루어지는 수업은 아이들의 정신적인 능력과 육체적인 능력의 조화를 전제로 구성됩니다.

모든 수업의 내용과 형태는 아동의 성장과 발달 단계에 맞추어 진행되며 궁극의 목적은 인간 내면의 '자유'입니다.

슈타이너는 지성과 개념을 머리로 가르치는 것이 아니라 배움 자체를 모두 '예술화'해야 한다고 주장합니다. 여기에서 '교육 예술'이라는 말이 등장합니다.

『슈타이너 학교의 예술로서의 교육』이라는 제목에서 알 수 있듯이 이 책에서는 슈타이너의 교육론이 중점적으로 소개되고 있습니다.

이 책은 『독일의 자존심 슈타이너 학교』, 『슈타이너 학교의 참교육 이야기』로 우리에게 잘 알려진 고야스 미치코 여사와 건축가로서 슈타이너를 연구하는 아게마스 유우지 교수가 함께 한 대담 내용을 지면에 옮긴 것입니다.

슈타이너 학교의 특성과 그 배경이 되는 사상과 교육론, 그리고 그의 생애를 차근차근 풀어 나갑니다.

두 분의 대화를 따라가다 보면 슈타이너를 이해하는 데 많은 도움이 되리라 여겨집니다.

본문 내용은 출간 당시의 시점에서 옮겼으며 편집자 주는 현재를 기점으로 하였습니다.

　독일 슈타이너 학교에서는 아침 수업 시작 전에 슈타이너가 쓴 시를 함께 읊는다고 합니다. 슈타이너는 그 시에서 '세상을 바라보고 내 영혼을 바라본다'고 하였습니다. 우리 자신도 슈타이너의 따뜻한 감성으로 세상을 바라보고 빛나는 정신으로 자신의 영혼을 돌볼 수 있으면 좋겠습니다.

　　　　　　　　　　　　　　　　　2003년 이른 봄
　　　　　　　　　　　　　　　　　김수정

슈타이너 연보와 참고 문헌

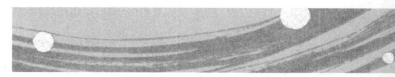

단지 개인의 배움과 개인의 가치 축적만을 추구해 온 지식은 당신을 길 밖으로 꾀어 낸다. 그러나 인간의 고귀화와 우주적인 발전 과정 안에서 성숙됨을 추구해 온 지식은 당신을 앞으로 한 걸음 더 나아가게 한다.

루돌프 슈타이너, 『새로운 건축 양식으로서의 길』

슈타이너 연보

1861년 2월 27일 오스트리아 헝가리의 크랄예백(오늘날 크로아
티아 영토)에서 철도 공무원의 아들로 태어난다.

1869년 아버지의 전근으로 노이되르플(당시 헝가리, 현재 부르겐
란트)로 옮겨 간다.

1872년 (11세) 비너 노이슈타트 실업 학교에 입학한다.

1875년 빈 공업 대학 입학하여 자연 과학을 전공한다. 로버트
침머만과 프란츠 브렌타노에게서 철학을 배우고 독일
문학 교수 슈뢰어를 통해 시인 괴테를 접하게 되고 자
연 과학자로서 괴테를 새롭게 발견한다.

1882년 (21세) 요제프 퀴르쉬너가 감수한『독일 국민 문학』전
집 중『괴테 자연 과학 논문집』을 편찬하면서 머리말과
해설을 쓴다.

1886년 논문『괴테 세계관의 인식론 개요』를 저술한다.

1888년 빈의 괴테 협회에서 '새로운 미학의 아버지 괴테'를 강
연하는 한편〈독일 주보〉편집에 참여한다.

1890년 소피판 괴테 전집 편찬을 위해 바이마르의 괴테-실러
문서실로부터 초빙된다. 얀 파울과 더불어 쇼펜하우어
편찬 사업에도 참여한다.

헤르만 그림, 에른스트 헤켈, 가브리엘레 로이터 들과 교류한다.

1891년 로스토크 대학의 하인리히 폰 슈타인 교수에게 철학 박사 학위 논문『인식론의 근본 문제』를 제출한다.

1892년 (31세) 철학 박사 논문을『진리와 학문』으로 출판한다.

1894년 논문『자유의 철학』을 출간한다.

1895년 논문『반시대적 투사 프리드리히 니체』를 저술한다.

1897년 『괴테의 세계관』을 저술한다.

본거지를 베를린으로 옮긴 뒤 베를린 자유 대학, 자유 문학회, 자유 연극회, 기오르다노 브루노 연맹 등에서 저작가이자 강연가로서 활약한다. 루드비히 야고보브스키, 프랑크 베데킨트, 파울 쉐어바르트, 존 헨리 멕케이 들과 교류하며, 오토 에리히 하르트레벤과 함께 〈문학 잡지〉를 창간한다.

1899년 (38세) 빌헬름 리프크네히트가 창설한 노동자 양성 학교에서 역사와 변론에 대한 강연을 한다.

안나 오이니케와 결혼한다.

1900년 철학 논문『19세기의 세계관과 인생관』을 저술한다.

브록 돌프가의 신지학 문고에서 강연을 하며, 프리드리히 니체가 세상을 떠나자 추도 강연을 하며 니체를 기린다.

1901년 논문『근대 정신 생활의 새벽에 놓인 신비학과 그 현대 세계관의 관계』를 발표한다.

1902년 (41세) 논문『신비적 사실로서의 그리스도교와 고대의 비의』를 발표한다.
신지학 협회 독일 지부를 설립하고 사무총장을 역임하는 한편 잡지『루치페르(악마)=그노시스』를 간행한다.
유럽에서 강연 활동을 시작한다.

1904년 논문『신지학-초감각적 세계의 인식과 인간 본질의 안내』를 저술한다.

1905년 『고차 세계의 인식으로 가는 길』를 저술한다.

1906년 파리에서 강연하는 과정에서 에듀아르 슈레를 만난다.
베를린의 노동자 양성 학교에서 강의를 한다.

1907년 논문『정신 과학의 관점에서 본 아동 교육』을 저술한다.

1908년 『아카샤 연대기에서』, 『고차 인식 입문서』 들을 저술한다. 북유럽으로 강연 여행을 떠난다.

1909년 시인 크리스티안 모르겐슈테른과 만난다.

1910년 『신비학 개요』를 저술하고, 신비극〈전수의 문〉을 완성한다.

1911년 『인간과 인류의 정신적 안내』를 저술하고, 폴로니아 국제 철학자 회의에서 '신지학의 심리학적 기반과 인식론적 입장' 이라는 제목으로 강연을 한다.

신비극 〈영혼의 시련〉을 완성하고, 뮌헨 요하네스 건축 계획을 세운다.

아내인 안나 오이니케 슈타이너가 세상을 떠난다.

1912년 (51세)『인간의 자기 인식으로의 길』, 신비극 〈문지방 의 수호자〉를 완성한다.

신지학 협회에서 제명된다. 한편 슈타이너 학교의 핵심 교육인 오이리트미를 마리 폰 지퍼스와 공동 작업으로 탄생시킨다.

1913년 『정신계의 문지방』을 저술하고, 신비극 〈영혼의 각성〉 을 완성한다. 인지학 사상을 연구하고 실천하는 인지학 협회를 결성하는 한편 괴테아눔을 착공한다.

1914년 『철학의 수수께끼』를 저술하고, 건축 강의『새로운 건 축 양식의 길』을 저술한다. 괴테아눔과 관련하여 외부 모형을 만들고, '붉은 유리창' (스테인드 글라스) 제작에 들어간다.

정신적인 동지인 마리 폰 지퍼스와 결혼한다.

1915년 『전쟁중의 사상』,『신비학적 예지의 빛에 비춰 본 예 술』들을 저술하고, 괴테아눔의 크고 작은 돔의 천장화 제작에 들어간다.

1916년 『인간의 수수께끼』를 저술한다.

1917년 『영혼의 수수께끼』를 저술한다.

1918년 『〈파우스트〉와 〈뱀과 백합〉 동화에 나타난 괴테의 정신 양식』을 저술한다. '붉은 유리창'을 완성한다.

1919년 (58세) 『독일 국민 및 문화 세계에 고함!』, 『사회 문제의 핵심』을 저술한다. 사회 유기체 삼지적 구조 운동 벌이는 한편, 『사회 문제로서 교육 문제』를 저술한다. 9월 7일 슈투트가르트에 최초의 발도르프 학교 문을 연다. 『교육의 기초로서 보편적 인간학』, 『교육 예술-교수법의 실재』, 『제미나르 문답』들을 저술한다.

1920년 괴테아눔 정신 과학 자유 대학 문을 연다.

1921년 『사회 유기체 삼지적 구조론』을 저술한다.

1922년 (61세) 『우주론 · 종교 및 철학』을 저술하고, 크리스천 공동체를 운영한다. 함부르크에 발도르프 학교를 세운다. 12월 31일 괴테아눔에 큰 화재가 일어나 건물이 거의 다 소실되고 만다.

1923년 네덜란드 덴 헤이그와 영국 킹즈 랭그리에 발도르프 학교 문을 연다. 인지학 협회와 괴테아눔 재건을 위한 '크리스마스 회의'를 벌인다.

1924년 제2 괴테아눔 모형을 의욕적으로 만들고 코바뷔르츠에서 '농학 강의'를 하지만 안타깝게도 9월 말 병상에 눕고 만다.

12월 제1 괴테아눔 테라스 해체 공사와 더불어 제2 괴테아눔을 착공한다.

1925년 (64세)『인지학의 주지』를 저술하고, 『정신 과학 인식에 따른 의학의 확대를 위한 기초』를 네덜란드 여의사 이타 베그만 박사와 함께 쓴다. 자서전『내 인생의 발자취』를 집필한다.

3월 30일 도르나흐의 괴테아눔 작업실에서 눈을 감는다.

영국 런던 발도르프 학교 문을 연다.

1926년 제2 괴테아눔 건설 과정에서 상량식을 한다.

스위스 바젤, 노르웨이 오슬로, 헝가리 부다페스트에서 발도르프 학교 문을 연다.

1927년 오스트리아 빈 발도르프 학교 개교.

1928년 제2 괴테아눔을 완성한다.

베를린 발도르프 학교 개교, 뉴욕 발도르프 학교 개교.

1933년 네덜란드 암스테르담 발도르프 학교 개교.

1938년 나치에 의해 독일의 슈타이너 학교 여덟 곳이 패쇄된다.

1941년 드레스덴에 있는 학교가 패쇄된다.

1945년 종전 후 슈타이너 학교가 다시 문을 연다.

1950년 덴마크 코펜하겐 발도르프 학교 개교.

1956년 브라질 상파울루 발도르프 학교 개교.

1957년 프랑스 파리 발도르프 학교 개교.

1958년 아르헨티나 부에노스 아이레스 발도르프 학교 개교.

1968년 캐나다 토론토 발도르프 학교 개교.

1973년 100개교 돌파

1980년 200개교 돌파

1987년 470개교 돌파

1988년 학교 수가 서독에서만 108여 곳에 이르게 된다.

참고 문헌

이마이 겐지(今井兼次), 「괴테아눔의 신건축에 관하여」, 『신흥
　　　예술』1930년 2 · 3월 합본호

이마이 겐지(今井兼次), 「루돌프 슈타이너와 그의 작품」, 『근대
　　　건축』1964년 5월호.

이케히로 요시로(池原義郎), 「슈타이너와 괴테아눔」, 『SD』
　　　1966년 3월호.

이케이로 요시로(池原義郎), 「루돌프 슈타이너와 그의 건축 이
　　　념」, 연구년지『와세다 대학 공업 고등학교』, 1966년.

다카하시 이와오(高橋巖), 『유럽의 빛과 어둠』, 신조사(新潮
　　　社), 1970년

아게마스 유우지(上松佑二), 『세계관으로서의 건축-루돌프 슈
　　　타이너론』, 상모서방(相撲書房), 1974년.

고야스 미치코(子安美知子), 『뮌헨의 초등학생』, 중앙공론사(中
　　　央公論社), 1975년. (『독일의 자존심 슈타이너 학교』라는
　　　제목으로 밝은누리에서 출간되었음.)

『인지학을 기반으로 한 치유 교육 실천』, 오다 요시유키(新田義
　　　之) · 오다 다카오(新田貴代), 국토사(國土社).

다카하시 이와오(高橋巖), 『신비학 서설』, 이자라서방(イザラ書

房), 1975년.

오다 다카오(新田貴代), 「발도르프 학교에서 수학하는 딸을 찾
    아」, 『부인지우(婦人之友)』 1976년 7월호.

루돌프 슈타이너(Rudolf Steiner), 「백 년 전 독일 신지학」, 다카
    하시 이와오(高橋巖) 옮김, 『지구 로망』 4. 1977년 3월
    호.

루돌프 슈타이너, 『신지학―초감각적 세계 인식과 인간 본질로
    의 초대』, 다카하시 이와오(高橋巖) 옮김, 이자라서방
    (イザラ書房), 1977년.

루돌프 슈타이너, 『새로운 건축 양식으로의 길』, 아게마스 유우
    지(上松佑二) 옮김, 상모서방(相撲書房), 1977년.

요하네스 헴레벤(Johannes Hemleben), 『루돌프 슈타이너』, 가
    와아이 마스터로(川合增太郎) · 사다가카 아키오(定方
    昭夫) 옮김, 공작사(工作舍), 1977년.

크리스토프 린덴베르크(Christopf Lindenberg), 『자유 발도르프
    학교』, 오다 요시유키(新田義之) · 오다 다카오(新田貴
    代) 옮김, 명치 도서 출판(明治圖書出版), 1977년. (『두
    려움 없이 배우고 자신 있게 행동하기―자유 발도르프 교육 입
    문』이라는 제목으로 밝은누리에서 출간되었음.)

다카하시 이와오(高橋巖), 「신비학과 현대―루돌프 슈타이너」,
    『일본 독서 신문』 1977년 10월 3일자.

오다 요시유키(新田義之) 엮음, 『루돌프 슈타이너 연구 I ~ IV』, 루돌프 슈타이너 연구 발행소, 1978년~1979년.

루돌프 슈타이너, 『바위 덩어리 속의 이념』 다카하시 이와오(高橋巖) 옮김, 『에피스테메』 1978년 5월호.

루돌프 슈타이너, 「루치페르(악마)」, 후지모토 요시게이지(藤本佳司) 옮김, 『현대시 수첩』 1978년 6월호.

루돌프 슈타이너, 『아카샤 연대기에서』, 후카자와 히데다카(深澤英隆) 옮김, 인지학 출판사, 1978년.

오카모토 타마요(岡本珠代), 「어떤 교양-독일인 부인과 루돌프 슈타이너」, 『속 여인의 사계』, 교우세이(ぎょうせい), 1978년.

고야스 미치코(子安美知子), 「엄마가 본 딸의 중학교 유학 생활- 뮌헨의 학교에서」, 『주간 아사히』 1979년 1월 5일 ~6월 29일.

오다 다카오(新田貴代), 『나의 발도르프 교육 체험』, 명치 도서 출판(明治圖書出版), 1979년.

아마노 마사하루(天野正治), 『서독 학교에서 본 교육과 개성의 문제 '오덴발토 교와 자유 발도르프 학교' 학교 운영 연구』, 명치 도서 출판(明治圖書出版), 1979년 5월호.

다카하시 이와오(高橋巖), 『생존 의지와 유아 교육』, 루돌프 슈타이너 연구소, 1979년.

엘리자베스 M. 그루넬리우스(Elizabeth M. Grunelius), 『슈타이너 유치원과 유아 교육』, 다카하시 이와오(高橋巖)·다카하시 히로코(高橋弘子) 옮김, 루돌프 슈타이너 연구소, 1979년.

루돌프 슈타이너, 『어떻게 초감각적 세계의 인식을 획득할 것인가』, 다카하시 이와오(高橋岩) 옮김, 이자라서방(イザラ書房), 1979년. (『고차 세계의 인식으로 가는 길』이라는 제목으로 밝은누리에서 2003년 6월 출간 예정.)

「새로운 운동 예술 오이리트미」, 『댄스워크』, No.26 댄스워크사(舍), 1979년 겨울호.

루돌프 슈타이너, 『오이리트미에 관하여』, 다카하시 이와오(高橋巖) 옮김, 루돌프 슈타이너 연구소, 1980년.

다카하시 이와오(高橋巖), 『신비학 강의』, 각천서점(角川書店), 1980년.

루돌프 슈타이너, 『정신 과학 입장에서 본 아동 교육』, 오니시 소요코(大西そよ子) 옮김, 인지학 출판사, 1980년.

루돌프 슈타이너, 『교육의 기초로서 일반 인간학』, 오다 요시유키(新田義之) 옮김, 인지학 출판사, 1980년.

고야스 미치코(子安美知子), 『뮌헨의 중학생』, 아사히 신문사, 1980년. (『슈타이너 학교의 참교육 이야기』라는 제목으로 밝은누리에서 출간되었음.)

아게마스 유우지(上松佑二), 『루돌프 슈타이너』, 파르코 출판,
　　1980년.

베른 자유 교육 연맹, 『수업으로부터 탈피』, 고야스 미치코(子安
　　美知子) 편역, 만성서방(晚成書房), 1980년.

F. W. 잘츠만(F. W. Salzmann), 『루돌프 슈타이너』, 이토우 츠토
　　모(伊藤勉)·나카무라 야스지(中村康二) 옮김, 인지학
　　출판사, 1980년.

프레야 야프케(Freya Jaffke), 『아이와 함께 즐기는 수제 장난감-
　　슈타이너 유치원 연맹 교재집에서』, 다카하시 히로코
　　(高橋弘子) 옮김, 지용사(地湧社), 1989년.

루돌프 슈타이너, 『자기 인식에 이르는 길』, 사토우 토모오(佐橋
　　俊夫) 옮김, 인지학 출판사, 1981년.

루돌프 슈타이너, 『자유의 철학』, 혼마 히데요(本間英世) 옮김,
　　인지학 출판사, 1981년. (밝은누리에서 출간 예정)

루돌프 슈타이너, 『신비적 사실로서 그리스도교와 고대의 비
　　의』, 이시이로(石井良) 옮김, 인지학 출판사, 1981년.

루돌프 슈타이너, 『니체』, 히구치 준메이(樋口純明) 옮김, 인지
　　학 출판사, 1981년.

루돌프 슈타이너, 『마가전』, 이치무라 아타시(市村溫司) 옮김,
　　인지학 출판사, 1981년.

루돌프 슈타이너, 『오이리트미 예술』, 다카하시 이와오(高橋巖)

옮김, 도원서방(桃園書房), 1981년.

루돌프 슈타이너, 『아카샤 연대기에서』, 다카하시 이와오(高橋
　　巖) 옮김, 국서 간행회, 1981년.

루돌프 슈타이너, 『교육의 뿌리를 지탱하는 정신적 심의적인 저
　　력-옥스퍼드 강연』, 오다 요시유키(新田義之) 옮김, 인
　　지학 출판사, 1981년.

고야스 미치코(子安美知子), 『혼의 발견-슈타이너 학교의 예술
　　교육』, 음악지우사(音樂之友社), 1981년.(『자유 발도르프
　　학교의 감성 교육』이라는 제목으로 밝은누리에서 출간되었
　　음.)

루돌프 슈타이너, 『신비학 개론』, 이시이로(石井良)·히구치 준
　　메이(樋口純明) 옮김, 인지학 출판사, 1982년.

루돌프 슈타이너, 『신비극 I』, 오다 요시유키(新田義之) 옮김,
　　인지학 출판사, 1982년.

루돌프 슈타이너, 『슈타이너 자서전 I, II』, 이토 츠토모(伊藤
　　勉)·나카무라 야스지(中村康二) 옮김, 인지학 출판사,
　　1982년.

국제 발도르프 학교 연맹 편, 『자유로의 교육』, 다카하시 이와오
　　(高橋巖)·다카하시 히로코(高橋弘子) 옮김, 루돌프 슈
　　타이너 연구소, 창림사(創林社), 1982년.

요하네스 헴레벤, 『슈타이너 입문』, 가와아이 마스타로(河合增

太郎)·사다가타 아키오 (定方昭夫) 옮김, 인지학 출판
　　　사, 1982년.

존 요한(John Johann) 엮음,『나의 내부에서 내가 태어난다』, 고
　　　야스 미치코(子安美知子)·오와다 유코(多和田葉子) 옮
　　　김, 만성서방(晩成書房), 1982년.

루돌프 슈타이너,『피는 진실로 특성 있는 주스다』, 다카하시 이
　　　와오(高橋巖) 옮김, 이자라서방(イザラ書房), 1983년

게르하르트 베어(Gerhard Wehr),『슈타이너 교육 입문』, 오다
　　　요시유키(新田義之) 옮김, 인지학 출판사, 1983년.

고야스 미치코,『슈타이너 교육을 생각하다』, 학양서방(學陽書
　　　房), 1983년.

루돌프 슈타이너,『개인과 인류를 이끄는 영혼의 움직임』, 아사
　　　다 유타카(淺田豊) 옮김, 촌송서관(忖松書館), 1984년.

고야스 미치코(子安美知子),『나와 슈타이너 교육』, 학양서방
　　　(學陽書房), 1984년.

다카하시 이와오(高橋巖),『슈타이너 교육 입문』, 각천서점(角川
　　　書店), 1984년.

루돌프 슈타이너,『교육예술 1, 2』, 다카하시 이와오(高橋巖) 옮
　　　김, 창림사(創林社), 1985년~1986년.

루돌프 슈타이너,『현대 교육은 어떻게 존재할 것인가』, 사사키
　　　마사아키(佐佐木正昭) 옮김, 인지학 출판사, 1985년.

루돌프 슈타이너, 『영혼의 달력』, 다카하시 이와오(高橋巖) 옮
  김, 이자라서방(イザラ書房), 1985년.

루돌프 슈타이너, 『장미 십자회의 신지학』, 니시가와 다카노리
  (西川隆範) 옮김, 평하출판사(平河出版社), 1985년.

루돌프 슈타이너, 『붓다에서 그리스도로』, 니시가와 다카노리
  (西川隆範) 옮김, 서사풍의 장미 성운사(星雲社).

루돌프 슈타이너, 『영계의 경계』, 니시가와 다카노리(西川隆範)
  옮김, 서사풍의 장미 성운사(星雲社).

R. 슈타이너 · R. 루로아, 『시대병인 암의 극복』, 다카하시 히로
  코(高橋弘子) 옮김, 창림사(創林社), 1985년.

프란스 카를그렌(Frans Carlgren), 『루돌프 슈타이너와 인지학』,
  다카하시 히로코(高橋弘子) 옮김, 동아사(冬芽社),
  1990년.

다카하시 히로코(高橋弘子) 엮음, 『슈타이너 유아 교육 수첩
  1~5』, 창림사(創林社), 1985년.

루돌프 슈타이너, 『교육 기초로서 일반 인간학』, 다카하시 이와
  오(高橋巖) 옮김, 창림사(創林社), 1985년.

루돌프 슈타이너, 『카르마는 어떻게 작용하는가』, 오다 요시유
  키(新田義之) 옮김, 인지학 출판사, 1986년.

루돌프 슈타이너, 『교육 기술』, 사카노 유우지(坂野雄二) · 오치
  아이 유키코(落合幸子) 옮김, 미스즈서방(みすず書房),

1986년.

루돌프 슈타이너, 『교육과 예술』, 오다 요시유키(新田義之) 편역, 인지학 출판사, 1986년.

루돌프 슈타이너, 『정신 과학과 사회 문제』, 카사이 요시하루(河西善治) 엮음, 인지학 출판사, 1986년.

루돌프 슈타이너, 『세계사의 비밀』, 니시가와 다카노리(西川隆範) 옮김, 창림사(創林社), 1986년.

루돌프 슈타이너, 『제5 복음서』, 니시가와 다카노리(西川隆範) 옮김, 이자라서방(イザラ書房), 1986년.

루돌프 슈타이너, 『비의(秘儀) 참여의 길』, 니시가와 다카노리(西川隆範) 옮김, 평하출판사(平河出版社), 1986년.

루돌프 슈타이너, 『인지학 · 신비주의 · 불교』, 오다 요시유키(新田義之) 엮음, 인지학 출판사, 1986년.

P. 브뤼게(P. Brügge), 『슈타이너의 학교 은행 · 병원 · 농장』, 고야스 미치코(子安美知子) · C. 욥스트 공역, 학양서방(學陽書房), 1986년.

다카하시 이와오(高橋巖), 『오이리트미』, 태류사(泰流社), 1986년.

C. 윌슨(C. Wilson), 『루돌프 슈타이너-그 인물과 비전』, 나카무라 야스오(中村保男) · 나카무라 마사아키(中村正明) 옮김, 하출서방신사(河出書房新社), 1986년.

R. 기제 엮음, 『루돌프 슈타이너의 사회 변혁 구상』, 이토우 츠

토무(伊藤勉他) 옮김, 인지학 출판사, 1986년.

고야스 후미(子安文), 『나의 뮌헨 일기』, 중앙공론사(中央公論社), 1986년.

다카하시 이와오(高橋巖), 『젊은 슈타이너와 그 시대』, 평하출판사(平河出版社), 1986년.

프린트헬름 길레루트, 『깨진 가면 움직임과 빛(전3권)』, 아게마스 에리코(上松惠津子) 옮김, 만성서방(晚成書房), 1987년.

루돌프 슈타이너, 『예술과 미학』, 니시가와 다카노리(西川隆範) 옮김, 평하출판사(平河出版社), 1987년.

고야스 미치코(子安美知子), 『모모를 읽다-슈타이너 세계관을 거름 삼아』, 학양서방(學陽書房), 1987년.

히로세 도시오(廣瀬俊雄), 「자유 발도르프 학교 교육 방법 이론」, 『교육학 연구』 제51권 2호 일본 교육학회 편찬, 1984년.

히로세 도시오(廣瀬俊雄), 「슈타이너 교육 방법 이론 연구 (Ⅰ)~(Ⅲ)」, 『히로시마 대학교 교육학부 기요(紀要)』, 제1부 제8~10권 히로시마 학교 교육학부 1985~1987년.

-소학관 편집부 작성-

두려움 없이 배우고 자신 있게 행동하기
자유 발도르프 교육 입문

크리스토프 린덴베르크 지음 / 이나현 옮김

자유 발도르프 교육에 대한 개괄서이자 입문서인 이 책은 독일 교육 현실을 지적하는 동시에 발도르프 학교의 사회적·교육적 의도, 학교 조직, 교육 목표, 수업 방식에 대해 알려 주고 있다. 12학년 제도, 시험도 성적표도 낙제도 없는 교육 방식과 교사들에 의한 합의제 운영 방식은 주목할 만하다.

자유 발도르프 학교에 대한 편견을 바로잡는 데 크게 기여한 이 책은 독일 인문학 분야 베스트셀러로서 자리매김하고 있다.

〈근간〉
고차 세계의 인식으로 가는 길

루돌프 슈타이너 지음 / 김경식 옮김

이 책은 초감각적인 세계란 어떤 세계이며 그 세계에 이르기 위한 신비 수행이 무엇인지 상세히 알려 주고 있다. 그래서 일차적으로 감각적인 세계에 대한 인식론인 동시에 초감각적인 세계를 '어떻게' 인식할 것인가 하는 것에 대한 방법론이자 초감각적인 세계에 들어가기 위한 수행법이며 수도법이다.

350권이 넘는 루돌프 슈타이너의 저서 가운데 가장 유명한 책으로 손꼽히고 있으며, 독일에서만 150만 부 판매를 기록하고 있다.